Gunma

群馬の教科書

大人のための
地元再発見
シリーズ

JN110674

Gunma

大人のための 地元再発見 シリーズ

群馬の教科書

折り込みMAP
表 群馬県全図 35市町村網羅
裏 吉田初三郎式鳥瞰図
群馬縣/前橋市

群
馬
の
教科書

CONTENTS

P111 国語・美術・家庭科・体育

P133 算数

須坂市

万座・鹿沢口駅

高山村

長野県

山ノ内町

栄村

草津町

野反湖

長野原草津口駅

中之条町

四万

湯沢町

南魚沼市

新潟県

東吾妻町

吾妻川

吾妻線

赤谷湖

中之条駅

上毛高原駅

高山村

みなかみ町

水上

水上駅

魚沼市

檜枝岐村

福島県

上越新幹線

上越線

沼田駅

月夜野

洞元湖

藤原湖

奈良俣湖

赤城

渋川市

昭和村

昭和

沼田

川場村

矢木沢ダム

尾瀬沼

尾瀬ヶ原

利根川

小沼

大沼

沼田市

片品村

片品川

桐生市

わたらせ渓谷鐵道

丸沼

菅沼

栃木県

沢入駅

草木湖

神戸駅

日光市

鹿沼市

群馬の略年表

時代		西暦（元号）		群馬の歴史	日本の歴史
地質時代	古生代石炭紀～ペルム紀	3億800万～2億8400万年前		谷川岳の古い地層ができる	
	中生代三畳紀	2億2000万年前		群馬県のあたりは海底にあった	
	中生代白亜紀	1億3000万～1億年前		この頃生息していたスピノサウルスの歯やサンチュウリュウの胴椎骨が神流町で見つかる	
		700万年前		谷川岳が隆起し始める	
	新生代暁新世	600万年前		妙義山の火山活動が始まる	
	新生代鮮新世	500万年前頃			日本列島がほぼ現在の形に
	新生代新第四紀更新世	50万～24万年前		古期榛名山の火山活動が起こる	
		5万年前		新規榛名山の活動が活発化	
		3万5000年前頃		岩宿で人々の生活が営まれる	
		2万4000年前		赤城山の噴火活動が終了	
原始時代	縄文時代	8000年前頃		尾瀬湿原の形成が始まる	
		6000年前頃			温暖化で海面が上昇
	弥生時代	前300頃			稲作技術が広がる
古代	古墳時代	3世紀後半			ヤマト政権が成立
		5世紀		天神山古墳、保渡田古墳群が築かれる	
		6世紀		七輿山古墳、観音塚古墳が築かれる	
	飛鳥時代	645	大化元		大化の改新
		681	天武天皇10	山上碑建立	
	奈良時代	710	和銅3		平城京遷都
		711	和銅4	多胡碑建立	
		726	神亀3	金井沢碑建立	
		741	天平13		国分寺・国分尼寺建立の詔
		749	天平感宝元	この頃、上野国分寺の主な堂塔が完成	
		752	天平勝宝4		東大寺大仏開眼
	平安時代	794	延暦13		平安京遷都
		939	天慶2	平将門が上野国府で新皇に即位	
		1108	天仁元	浅間山の大噴火	
		1184	元暦元	安達盛長が上野国奉行人（守護）に任命される	
中世	鎌倉時代	1185	元暦2		壇ノ浦の戦いで平氏滅亡
		1193	建久4	源頼朝が上野国を含む関東近辺で狩を実施	
		1281	弘安4	浅間山の大噴火	
		1301	正安3	この頃、現在の太田市で新田義貞が生まれる	
	室町時代	1333	元弘3	新田義貞が生品神社で挙兵	建武の新政（～1336）
		1467	応仁元		応仁の乱（～1477）
		1573	元亀4／天正元		織田信長が足利義昭を追放し室町幕府滅亡
	安土桃山時代	1582	天正10	神流川の戦い	本能寺の変
		1589	天正17	名胡桃城事件	
		1590	天正18		豊臣秀吉の小田原平定
		1600	慶長5		関ヶ原の戦い
		1601	慶長6	酒井重忠が前橋に入封	
近世	江戸時代	1603	慶長8		徳川家康が江戸幕府を開く
		1654	承応3	利根川東遷が完了	
		1767	明和4	前橋城が廃城となる	
		1810	文化7	国定忠治が現在の伊勢崎市で生まれる	
		1843	天保14	新島襄が安中藩士の子として生まれる	
		1850	嘉永3	国定忠治が現在の東吾妻町で処刑される	
		1853	嘉永6		ペリー浦賀に来航
		1855	安政2	日本のマラソンの発祥とされる安政遠足が行われる	
		1861	文久元	内村鑑三が高崎藩士の子として生まれる	

時代		西暦(元号)		群馬の歴史	日本の歴史
近世	江戸時代	1867	慶応3	前橋城が再築される	徳川慶喜が政権を返上(大政奉還)／王政復古の大号令
近代	明治時代	1868	慶応4／明治元	小栗上野介忠順が現在の高崎市で罪なくして斬首される	戊辰戦争始まる／江戸城無血開城
		1869	明治2		東京遷都／版籍奉還
		1871	明治4	前橋城が再び廃城となる／作家田山花袋が現館林市で生まれる／県庁が高崎におかれる	廃藩置県
		1872	明治5	富岡製糸場が設立される	
		1875	明治8		新島襄が同志社英学校(後の同志社大学)を設立
		1878	明治11	ドイツ人医師のベルツがこの頃より草津温泉を訪れるようになる／安中教会設立	
		1881	明治14	県庁が前橋に正式決定する	
		1884	明治17	上野・高崎間に鉄道開通	
		1885	明治18	信越本線横川駅の開業とともに荻野屋創業	
		1886	明治19	詩人萩原朔太郎が現前橋市で生まれる	
		1890	明治23	歌人土屋文明が現高崎市で生まれる	
		1891	明治24	内村鑑三が不敬事件を起こす	
		1893	明治26	富岡製糸場が民間へ払い下げ	
		1894	明治27	内村鑑三が『JAPAN AND THE JAPANESE』(後に『代表的日本人』と改題)を刊行	日清戦争(～1895)
		1896	明治29	雲龍寺に鉱毒事務所を開設／ベルツが草津温泉の研究書『熱水浴療論』を発表	
		1900	明治33	作家徳冨蘆花が『不如帰』を刊行／川俣事件	
		1904	明治37		日露戦争(～1905)
		1907	明治40	渡良瀬遊水地造成のため谷中村を強制破壊	
	大正時代	1914	大正3		第一次世界大戦(～1918)
		1916	大正5	コンウォール・リーがハンセン病者救済のため草津に移住	
		1917	大正6	中島知久平が中島飛行機製作所の前身、飛行機研究所を設立	
		1923	大正12		関東大震災
現代	昭和	1927	昭和2	作家徳冨蘆花、伊香保で永眠	
		1932	昭和7	草津に国立療養所の栗生楽泉園が開設	
		1934	昭和9	建築家ブルーノ・タウトが高崎市の少林山「洗心亭」に住み始める	
		1941	昭和16		日本がアメリカ・真珠湾を攻撃し太平洋戦争へ
		1945	昭和20		天皇が「終戦の詔書」を放送
		1947	昭和22	『上毛かるた』の初版が発行される	
		1948	昭和23	第1回「上毛かるた競技県大会」が開催される	
		1949	昭和24	相沢忠洋が岩宿で旧石器時代の石槍を発見	
		1952	昭和27	作家坂口安吾が桐生市に転居	
		1958	昭和33	荻野屋が峠の釜めしを販売開始	
		1960	昭和35	画家で詩人の山田かまちが高崎市で生まれる	
		1974	昭和49	足尾鉱毒事件で初めて加害者責任が認められる	
		1975	昭和50	この年から安政遠足 侍マラソンが始まる	
		1988	昭和63	この年から全日本実業団対抗駅伝競走大会(ニューイヤー駅伝)が群馬県で開催されるようになる	
	平成	2011	平成23		東日本大震災
		2014	平成26	「富岡製糸場と絹産業遺産群」が世界遺産登録	
		2017	平成29	上野三碑がユネスコの「世界の記憶」に登録される	
	令和	2020	令和2	八ッ場ダム完成	

Gunma Heritage

群馬の ユネスコ 世界遺産

群馬県の近代史を象徴する「富岡製糸場と絹産業遺産群」(☞P74)は、群馬県唯一の世界遺産。明治時代を迎えて5年後に誕生した富岡製糸場で作られた生糸は、世界の絹産業を劇的に変えた。

❶❷❸❹❺❻❼❽

富岡製糸場と絹産業遺産群

富岡製糸場のほかに、養蚕技術を革新的に変えた高山社跡と田島弥平旧宅、さらに蚕種の天然の貯蔵施設となった荒船風穴の3カ所が、世界遺産に登録されている。

❶

❺ ❻

❶フランス式繰糸機が配置された富岡製糸場の繰糸所内部。操業停止時のまま保存されている

❷東側の入り口から見た繰糸所

❸フランスの技術を導入して木骨煉瓦造で建てられた東置繭所庫。長さ104.4m、幅12.3m（写真❶❸：富岡市）

❹真夏でも2℃前後の冷風が吹く荒船風穴は、蚕種の天然貯蔵庫（写真：下仁田町歴史館）

❺通風を重視した養蚕法「清涼育」（せいりょういく）を実現した田島弥平の住居兼蚕室。文久3年（1863）建造

❻田島弥平旧宅2階蚕室。高さ約2m。窓で通気を調整（写真：伊勢崎市）

❼養蚕法「清温育」（せいおんいく）（☞P75）を生んだ高山長五郎が、設立した養蚕教育機関「養蚕改良高山社」があった高山社跡

❽高山社に現存する母屋兼蚕室の2階（写真❼❽：藤岡市教育委員会）

Gunma Heritage

群馬の 国立公園

群馬県、福島県、栃木県、新潟県にまたがる尾瀬国立公園は、
昭和9年（1934）に日光国立公園の一部として指定されたが、
2007年に尾瀬地域が分割され、周囲の山々を編入して、29番目の国立公園となった。

❾

❿⓫

⓮

⓯

⑫

⑬

❾ ❿ ⓫ ⓬ ⓭ ⓮ ⓯ ⓰ ⓱

尾瀬国立公園
（おぜ）

日本最大の高層湿原の尾瀬ヶ原や、噴火によって川が堰き止められてできた尾瀬沼、至仏山や燧ヶ岳など、それらを取り巻く山々が織りなす風景が美しい。
（しぶつさん）（ひうちがたけ）

❾8000年前に形成された尾瀬ヶ原と標高2356mの燧ヶ岳

❿尾瀬ヶ原の北にある三条の滝。高さ約100m

⓫ミズバショウが咲く尾瀬ヶ原と標高2228mの至仏山

⓬尾瀬ヶ原を黄色に染めるニッコウキスゲ

⓭積雪が5mにもなる尾瀬の雪景色

⓮6月頃に湿原や岩場に開花するイワカガミ

⓯日本最小種のトンボ、ハッチョウトンボ

⓰直径4cmほどのオゼコウホネ

⓱晴れて気温が上がると咲くタテヤマリンドウ

⑯

⑰

Gunma Heritage

群馬の名勝・特別天然記念物

⑳楽山園
らくさんえん

小幡藩二万石の藩邸に付属する楽山園は、県内唯一の大名庭園。織田氏が築庭し、茶屋と庭が見事に調和する。

⑳池泉回遊式借景庭園。築山に茶屋を配置

県内には、浅間山溶岩樹型が国指定の特別天然記念物となっており、国指定の名勝には、草津温泉の湯畑（☞P84）や吾妻峡など、7つの美しい景観がある。

⑱⑲浅間山溶岩樹型
あさまやまようがんじゅけい

天明の大噴火（☞P32）でできた溶岩樹型。鬼押出し溶岩流の東西に、約500個が確認されている。

⑱上空から見た浅間山山頂
⑲溶岩樹型は山頂北側に点在

㉑湯畑
ゆばたけ

草津温泉の中心にある源泉で、湯樋を通じて温泉を冷やすとともに、湯樋は湯の花を採取する機能を持つ。

㉑上部の湯樋から温泉が湯滝を流れ落ちる仕組み

⑱

⑲

㉒

妙義山
みょうぎさん

上毛三山と日本三大奇勝の一つ。浸食の程度差により険しい山容を生む。奇岩怪石が林立する自然の造形美は圧巻。

㉒絶壁を覆う紅葉は、天下の名勝といわれる

㉓

躑躅ケ岡 （ツツジ）
つつじがおか

室町時代にヤマツツジが自生する地に約500年前に古木群を移植。以来、大名に守られてきた躑躅の園。100品種以上、約1万株が咲き誇る。

㉓地元では「花山」と呼ばれ、つつじが岡公園内にある

㉔㉕
吹割渓ならびに吹割瀑
ふきわれけい　ふきわればく

片品川本流に流入する溮川と栗原川の間に位置する吹割渓。凝灰岩が基盤で複数の滝が分布。吹割瀑は、「東洋のナイアガラ」の異名を持つ名瀑。

㉔吹割渓は垂直に割れやすい溶結凝灰岩のため、険しい絶壁が続く
㉕河床がU字に削られた吹割瀑

㉔

㉕

㉖
三波川
さんばがわ
（サクラ）

明治41年(1908)に村が国有地を買い取り、公園化。植樹した1000本のソメイヨシノが、11月に突然開花した。

㉖11〜12月と4月の年に2回開花する桜で有名

㉗
吾妻峡
あがつまきょう

吾妻川のふれあい大橋から新蓬莱まで約2.5kmの渓谷。溶岩を川水が深く浸食してできたと推測されている。

㉗「吾妻峡十勝」と呼ばれる奇岩の景勝地がある

㉖
㉗

新前橋駅（JR）

国道17号線

群馬大橋

⑤

利根橋

平成大橋

群馬ターミナル❶

前橋駅

開業年月日 明治17年（1884）8月20日

●JR東日本
　両毛線

前橋駅（JR）

県 庁所在地・前橋市を代表する両毛線の駅。
日本鉄道の駅として開業した最初の前橋駅
（内藤分ステーション）は、利根川の西側に置かれ
た。後に利根川に鉄橋が架かり日本鉄道は、東北
本線の小山から伸びてきた両毛鉄道（両毛線の前
身）の前橋駅まで延伸。駅が統合され、現在の形に
なった。ＪＲ線の都道府県所在地の代表駅で、定
期優等列車が発着しないのは前橋駅と奈良駅のみ。

群馬県庁

利根川

中央大橋

日本トーター
グリーンドーム前橋

① ② ③ ④

前橋市役所

前橋文学館

広瀬川

けやき並木通り

中央前橋駅
（上毛電気鉄道）

上毛電気鉄道上毛線

国道50号線

両毛線

① 前橋城（厩橋城）土塁跡
② 楽歩堂前橋公園
③ 臨江閣
④ 前橋市中央児童遊園（るなぱあく）
⑤ 内藤分ステーション跡（旧前橋駅）

撮影：2022年5月5日

15

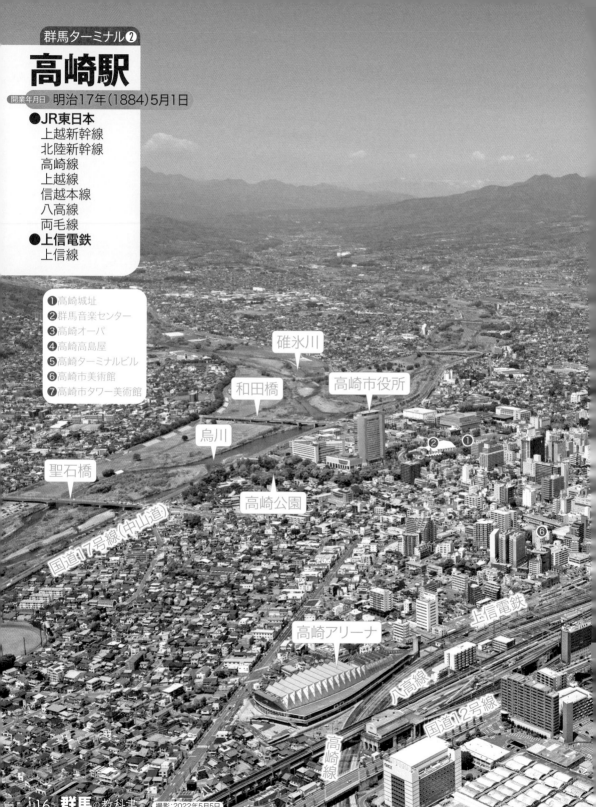

群馬ターミナル❷

高崎駅

開業年月日 明治17年（1884）5月1日

●**JR東日本**
上越新幹線
北陸新幹線
高崎線
上越線
信越本線
八高線
両毛線
●**上信電鉄**
上信線

❶ 高崎城址
❷ 群馬音楽センター
❸ 高崎オーパ
❹ 高崎高島屋
❺ 高崎ターミナルビル
❻ 高崎市美術館
❼ 高崎市タワー美術館

碓氷川

和田橋

高崎市役所

烏川

❷ ❶

聖石橋

高崎公園

❻

国道17号線（中山道）

上信電鉄

高崎アリーナ

八高線

国道12号線

高崎線

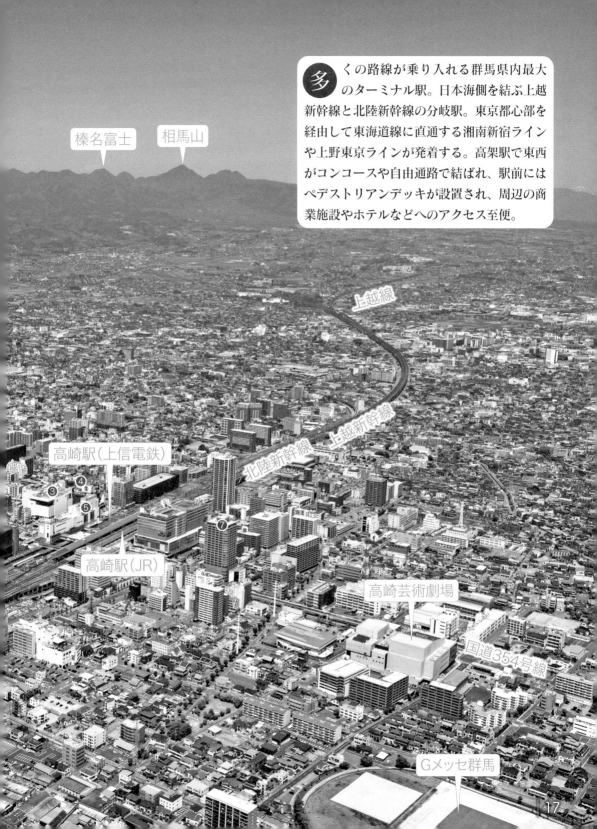

多くの路線が乗り入れる群馬県内最大のターミナル駅。日本海側を結ぶ上越新幹線と北陸新幹線の分岐駅。東京都心部を経由して東海道線に直通する湘南新宿ラインや上野東京ラインが発着する。高架駅で東西がコンコースや自由通路で結ばれ、駅前にはペデストリアンデッキが設置され、周辺の商業施設やホテルなどへのアクセス至便。

榛名富士

相馬山

上越線

北陸新幹線

上越新幹線

高崎駅（上信電鉄）

高崎駅（JR）

高崎芸術劇場

国道354号線

Gメッセ群馬

群馬ターミナル❸

館林駅

開業年月日 明治40年(1907)8月27日

●**東武鉄道**
　伊勢崎線
　佐野線
　小泉線

成島駅
（東武）

東武伊勢崎線

遍照寺
（新宿不動尊）

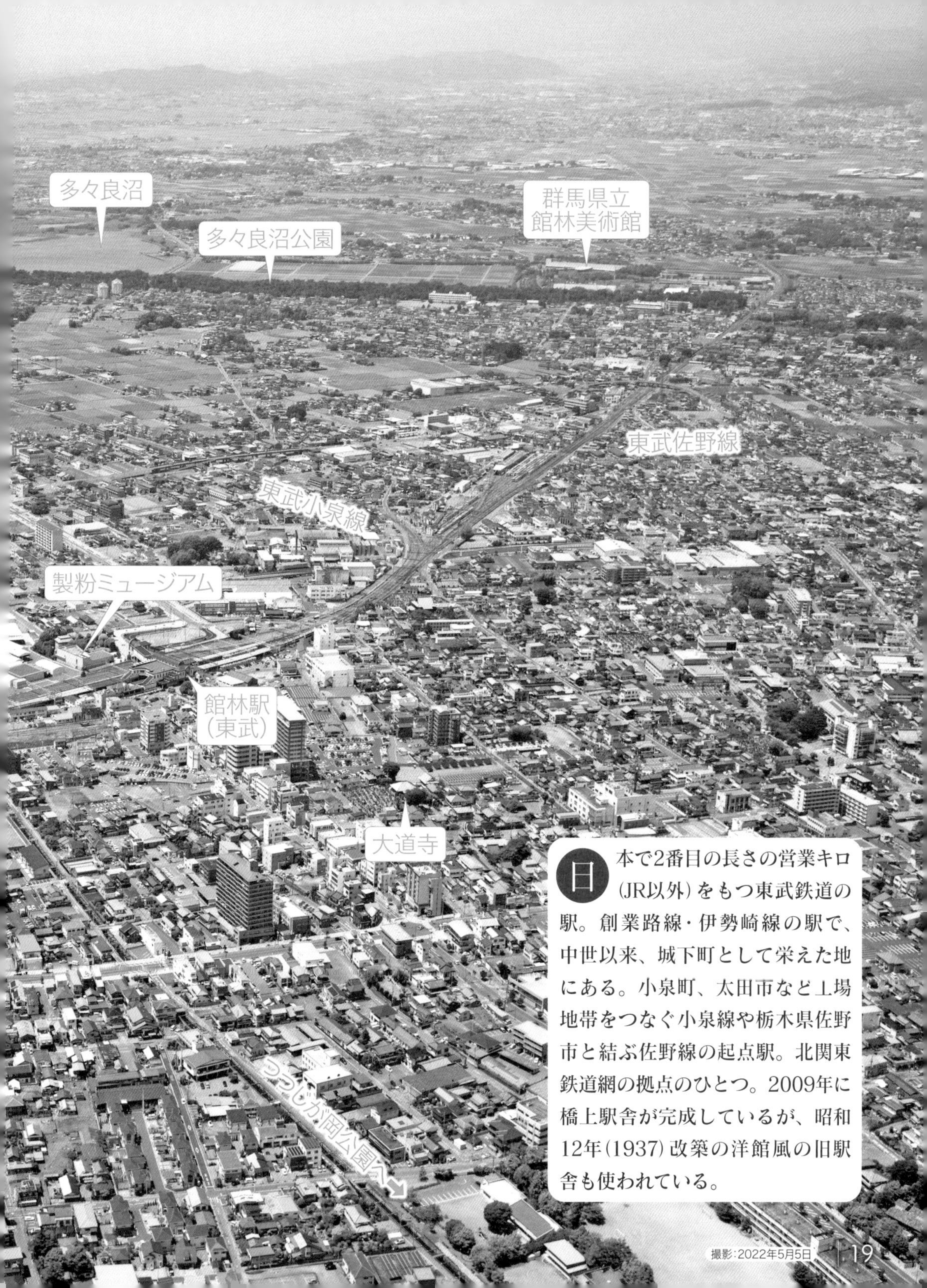
多々良沼
多々良沼公園
群馬県立
館林美術館
東武佐野線
東武小泉線
製粉ミュージアム
館林駅
(東武)
大道寺
つつじが岡公園へ

日本で2番目の長さの営業キロ(JR以外)をもつ東武鉄道の駅。創業路線・伊勢崎線の駅で、中世以来、城下町として栄えた地にある。小泉町、太田市など工場地帯をつなぐ小泉線や栃木県佐野市と結ぶ佐野線の起点駅。北関東鉄道網の拠点のひとつ。2009年に橋上駅舎が完成しているが、昭和12年(1937)改築の洋館風の旧駅舎も使われている。

撮影：2022年5月5日

群馬の主要駅の利用者数

伊勢崎

人員数		
5296人	……	JR東日本
6047人	……	東武鉄道

高崎

人員数	
JR東日本………	2万7299人
JR東日本（新幹線）………	1万1271人
上信電鉄………	3854人

太田

人員数		
9374人	……	東武鉄道

地図内の駅名・路線名：
土合、上毛高原、上越線、大前、吾妻線、中央前橋、渋川、上毛電気鉄道、神戸、赤城、わたらせ渓谷鐵道、桐生、両毛線、北陸新幹線、上越新幹線、安中榛名、信越本線、前橋、伊勢崎、東武桐生線、東武佐野線、横川、高崎、高崎線、太田、東武小泉線、館林、東武伊勢崎線、上信電鉄、下仁田、八高線

渋川

人員数	
JR東日本………	2719人

群馬県は、
運転免許保有率が
全国トップクラスの「自動車王国」だが、
JR東日本のほか、
東武鉄道や上毛電気鉄道、上信電鉄
わたらせ渓谷鐵道などの私鉄も多く、
鉄道網も発展している。
最も利用者が多いのは、新幹線をはじめ、
複数の路線が乗り入れている高崎駅だ。

前橋

人員数	
JR東日本………	8841人

（註記）
JR東日本は、
2022年度の1日平均の乗車人員数
（降車の人員などは含まない）
東武電鉄、上信電鉄は、
2022年度の1日平均の乗降人員数

館林

人員数		
9189人	……	東武鉄道

理科

社会

国語

美術・家庭科・体育

算数

古生代から氷河期を経て、現在も上昇を続ける名峰谷川岳の3億年史

標高1977mにある
谷川岳の
最高峰オキの耳▶

太古の歴史を伝える谷川岳

　群馬県と新潟県の県境にある谷川連峰。中心となる標高1977mの谷川岳の周囲には、標高1954mの万太郎山、2026mの仙ノ倉山、1978mの茂倉岳など2000m級の山々が連なる。首都圏から近いうえ、高山植物の宝庫でもあるため、人気の登山地となっている。

　茂倉岳と谷川岳、天神平を結ぶ線を断面で見ると、下図のように下から上へ、新しい岩石（約700万年前以降）、古い岩石（3〜2億年前）、やや新しい岩石（約1800万〜700万年前）の順に重なっているのがわかる。

　それぞれの地層が誕生した経緯をたどってみよう。ここでいう古い岩石とは古生代の蛇紋岩のこと。地下深くでかんらん岩（マグマが地下深部でゆっくり冷え固まった岩石）に水が加わってできる変成岩で、固体のまま地上付近まで上昇する性質を持つ。蛇紋岩には、古生代の石炭紀や二畳紀の堆積岩や火成岩も含まれており、それらの岩石を取り込みながら上昇してきたと考えられている。測定の結果、3億800万〜2億8400万年前のものと判明した。

　一帯は2億2000万年ほど前、海の底にあった。その後、7000万〜6000万年前にかけ、日本列島の各地でマグマが上昇し、地下深くには花崗岩がつくられた。

　約1800万〜700万年前には、激しい火山噴火が起き、噴出した玄武岩の溶岩は大倉層と呼ばれる地層を形成

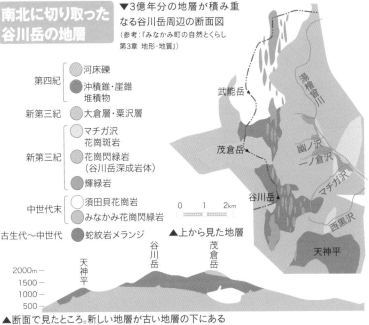

南北に切り取った谷川岳の地層

▼3億年分の地層が積み重なる谷川岳周辺の断面図
（参考:『みなかみ町の自然とくらし 第3章 地形・地質』）

第四紀	河床礫
	沖積錐・崖錐堆積物
新第三紀	大倉層・粟沢層
新第三紀	マチガ沢花崗斑岩
	花崗閃緑岩（谷川岳深成岩体）
	輝緑岩
中世代末	須田貝花崗岩
	みなかみ花崗閃緑岩
古生代〜中世代	蛇紋岩メランジ

0　1　2km

▲上から見た地層

▲断面で見たところ。新しい地層が古い地層の下にある

2000m—
1500—
1000—
500—

天神平　谷川岳　茂倉岳

＊蛇紋岩メランジとは、蛇紋岩が固体のまま上昇する際に、大小の岩塊を取り込んだ蛇紋岩のこと。取り込んだ岩塊は直径数メートルから100mを超えるものもあるという

みなかみ町の主な地層と地質年代

年代		地層・岩体
新生代	第四紀	武尊山
	新第三紀	谷川岳深成岩体
		合瀬沢層
		後閑層
		大倉層
	古第三紀	
中生代	白亜紀	花崗岩類の貫入
	ジュラ紀	
	三畳紀	奥利根中生層
古生代	二畳紀	蛇紋岩類の貫入?
	石炭紀	蛇紋岩中の結晶片岩など

（左目盛: 1000万年前、2000万年前、1億年前、2億年前、3億年前）

谷川岳の隆起
- 440万年前〜＝花崗岩貫入開始、谷川岳が上昇
- 約700万年前＝2回目大火砕流
- 約1100万年前＝1回目大火砕流
- 約1320万年前＝海が浅くなる
- 1450〜1350万年前の海で誕生

▲谷川岳があるみなかみ町には、さまざまな年代の地層が堆積している（参考:『みなかみ町の自然とくらし 第3章 地形・地質』）

するとともに、古い地層を押し上げた。しかし、このときまだ谷川岳は存在していない。その後、再び海となり、海底火山が活発化と沈静化をくり返し、陸地となったのは、1320万年前ごろのこと。

そして約700万年前から谷川岳は急速に隆起し始めた。やや新しい岩石である茂倉岳山頂付近で見られる地層で、440万年前には、地下深くにあった深成岩（花崗岩）が、新旧の岩石に貫入を始めて上昇。浸食された山頂は低くなったものの、100万年に1100mの割合で、現在までに約5000mも上昇したとされる。上昇の際、花崗岩だけでなく、古い岩石の蛇紋岩メランジや新しい岩石の大倉層なども伴い、海底にあった蛇紋岩も押し上げられた。

上昇は現在も続いており、三国峠では1年間に平均1.4mm上昇していると測定されている。

氷河があった谷川岳

一般に、氷河地形は、氷河の浸食でつくられたU字谷やカール＊＊、氷が運んだ岩片などが堆積したティル、ティルがつくる堤状の地形であるモレーンがあることで証明される。一ノ倉沢や幽ノ沢、マチガ沢がU字谷であることは確認されていたが、モレーンの存在が不確かだった。しかし20世紀末、この3カ所の堆積物が、川ではなくモレーンであることが確認され、氷河があったことを決定づけた。モレーンの分布から、一ノ倉沢では標高850m、幽ノ沢とマチガ沢では標高1000mに氷河の末端があったと考えられている。

◀標高1963mの谷川岳のトマの耳と広がる雲海。ロープウェイの天神平駅からトマの耳までは、約2時間半のトレッキングで到達できる
▲氷河の末端のモレーンが確認された一ノ倉沢。トレッキング初心者でも楽しめる見どころとして人気だ

＊＊カールとは、氷河の流れ始めの場所にできるお椀型の地形　23

恐竜の足跡化石に スピノサウルスの歯！ 恐竜王国神流町の"日本初"

恐竜の化石や
骨格標本を展示する
神流町恐竜センター▶

"日本初"の恐竜の足跡化石

恐竜王国と言えば、福井県が有名だが、群馬県も負けてはいない。

昭和28年（1953）、群馬県多野郡中里村（現・神流町）から秩父へ向かう国道299号線沿いでの道路工事中、漣岩（さざなみいわ）と呼ばれる崖で水流の跡が見つかった。1億2000万年ほど前の白亜紀に流れた水の跡で、県の天然記念物でもある。白亜紀には水平だった水辺が、地殻変動で傾き、垂直に近い崖となったのである。しかし、その横にあるくぼみの正体は謎のま

まだった。判明したのは30年以上たった昭和60年のこと。その正体は恐竜の足跡で、日本で最初に認定された恐竜の足跡の化石となった。しかも、下の写真の左上にある2つの大きな穴は、大型の二足歩行恐竜の足跡で、右下の縦に並ぶ小さなくぼみは、二足歩行の小型獣脚類の何匹分かの足跡と判明したのだ。

近くで発見された貝の化石は、真水と塩水が混じる水域に生息していた貝類で、恐竜がこの地域を闊歩していた白亜紀前期、このあたりが海に流れ込む川の河口の三角州だったこともわかった。近くの植物化石からは、当時は熱帯もしくは亜熱帯の乾燥気候だったと推測されている。

ジュラ紀後期～白亜紀前期の群馬県

手取層群
（富山県・石川県・岐阜県北部・福井県南部）・
丹波層群（兵庫県）
ヨーロッパ
ロシア
中国
山中層群 ★
（**群馬県**・埼玉県・長野県）・
松尾層群（三重県）
タイ・ラオス

スピノサウルス類が生息

▲白亜紀前期、日本は現在より南方のアジア大陸東縁に位置していた

大型の
二足歩行の
恐竜の足跡

複数の
小型獣脚類の
足跡

▲国道299号沿いの漣岩と呼ばれる崖から、複数の恐竜の足跡化石が見つかった

"日本初"のスピノサウルスの歯

　一方、平成6年（1994）と2015年には、1億3000万年前に生息していたスピノサウルスの2本の歯が発見された。明治45年（1912）にドイツ人古生物学者エルンスト・シュトローマーによって最初に発見されたスピノサウルスの化石は、その後、中国やマレーシアで歯化石が、タイやラオスでは骨格化石が発見されていたが、日本での発見は神流町が初めて。

　スピノサウルスは体長15mに達する大型獣脚類の一種で、四足歩行で水中生活を営み、恐竜では珍しく泳ぎが得意だったと考えられている。背中に長い帆のような突起があり、魚食に適した細長い頭部と円錐形の歯を持ち、魚を主食としていたと推測される。映画『ジュラシックパークⅢ』で、T.rex（ティラノサウルス）をしのぐ大きさで、そのライバルとして登場した巨大肉食恐竜だ。

　スピノサウルスの歯化石は、神流町以外では、2015年に和歌山県で発見され、福井県で発見された歯化石は2020年にスピノサウ

ルスのものと判明。現在4例を数える。

　このことから、白亜紀前期には少なくとも日本列島の中部から和歌山県にかけては、マレーシアやタイ、ラオスなどと同じ、現在より南方のアジア大陸にあったと推測される。

　これらのほかにも、昭和56年には、オルニトミモサウルス類とみられる胴椎骨（腰のあたりの背骨）の化石も見つかった。発見場所である山中地溝帯の名から通称サンチュウリュウと呼ばれるダチョウ型の恐竜で、全長は6mあったと推測されている。これも白亜紀前期の恐竜である。

◀発見されたスピノサウルスの歯。ワニの歯に似た条線があるのが特徴（写真：神流町恐竜センター）

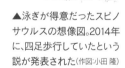

◀サンチュウリュウの後位の胴椎骨（写真：群馬県立自然史博物館）

▲泳ぎが得意だったスピノサウルスの想像図。2014年に、四足歩行していたという説が発表された（作図：小田 隆）

▶サンチュウリュウの想像図。体が羽毛で覆われていたと考えられている（作図：小田 隆）

▶白亜紀のころ、現在の神流川周辺では、多くの恐竜が闊歩していたと推測されている

4つの"海なし県"に囲まれた海なし県の代表群馬県にあった海の時代

縄文時代は海だった
谷田川が流れる板倉町周辺▲

正真正銘の海なし県

日本には岐阜県や滋賀県、奈良県など8つの海なし県（内陸県）があるが、群馬県はそのうち長野県、山梨県、埼玉県、栃木県の4つの内陸県に囲まれている。しかも前橋市は日本で最も海から遠い県庁所在地だ。その前橋市出身の作曲家・井上武士が昭和16年（1941）に制作したのが、「うみはひろいなおおきいな」で始まる童謡『海』。作詞家の林柳波は、隣接する沼田市の出身。軍部の依頼で「海国日本を象徴し、子供のときから海に憧れを抱くような歌」を求められた結果とはいえ、海なし県の作者ならではの海への憧れがにじんでいる。

今でこそ海とは無縁の群馬県だが、谷川岳の成り立ち（☞P22）でも触れたように、2億2000万年前と1700万〜1320万年前、この周辺は海底にあった。その証拠を探ってみよう。

ひとつが1650万年前頃に、海底の砂が固まってできた砂岩だ。石を採掘する場所によって、小幡石、天引石など異なる名称で呼ばれるが、高崎市の大沢川上流で採れた多胡石は特に有名。ユネスコの「世界の記憶」に登録された上野三碑のうち、国指定の特別史跡となった「多胡碑」に使われた石材多胡石。歴史的価値が高いだけでなく、赤錆色の模様が特徴で、味わい深い多胡石は、この地がかつて海底であったことの証でもある。

また、新第三紀中新世半ばにあたる

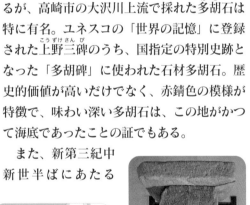

日本列島の成り立ち

▲①ユーラシア大陸の東縁が割れ始め、湖水群が造られた

約2500万年前

▲②近くの割れ目がさらに拡大して、海水が浸入していった

約1900万年前

▲③日本海が次第に拡大し、現在の群馬県周辺は海の底に

約1500万年前

▲和銅4年（711）に多胡郡が設置されたことを記念して建てられた多胡碑

1500万年ほど前、この海域には大型海生哺乳類のパレオパラドキシアが生息していた。浜辺にはマングローブの森が茂り、パレオパラドキシアは浅い水底を歩きながら、ゴカイや貝類、海藻などを食べていたと考えられている。浜には飛べない鳥の通称アンナカコバネハクチョウ（正式名アンナカキグナ・ハジメイ）、沖にはウミガメやクジラやイルカ類のほか、巨大なサメも生息。いずれも1700万〜1000万年前頃に堆積した富岡層群から発見された化石から判明した当時の生態系だ。

貝塚が語る縄文時代の海

　1320万年前頃から陸化したこの地が、再び海となるのは、1万〜6000年ほど前のこと。約1万9000年前から、北半球の巨大な氷床が融解し始めたため、氷床から遠く離れた日本近海でも海面が上昇。1年に1〜2cmというスピードで、100m以上も海面が上昇した。「縄文海進」と呼ばれるこの現象で、7000年ほど前には最も海面が高くなり、古東京湾の海岸線はこのあたりまで達し、群馬県南東部の板倉町周辺がその最奥部と推測されている。その証拠に板倉町の台地の縁には、いくつもの貝塚がある。渡良瀬遊水地に近い海老瀬にある寺西貝塚や離山貝塚、一峯貝塚、権現沼貝塚群などだ。それらからは縄文時代の人々が食した汽水性のヤマトシジミやマガキ、ハイガイやハマグリなどが出土している。

▲新第三紀中新世の中頃、海辺に住んでいたと考えられている飛べない鳥のアンナカキグナ・ハジメイ（作成：松岡廣繁・長谷川和　提供：群馬県立自然史博物館）

▲ジュゴンに似た臼歯と、ゾウの祖先の長鼻類に似た頭骨を持つパレオパラドキシアの化石（写真：群馬県立自然史博物館）

▼1150万年前の安中層群原市層から発見された新種のイルカ類化石ケントリオドンの生態復元画。体長は約2mと推定される（作図：新村龍也　提供：足寄動物化石博物館）

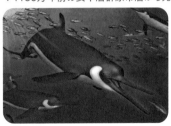

縄文海進時の海岸線

- 貝塚

栃木県
茨城県
群馬県
太田市
館林市
伊勢崎市
板倉町
埼玉県
東京都
山梨県
神奈川県
千葉県
静岡県

0　　50km

▲縄文海進によって古東京湾の海岸線は、群馬県の板倉町近くまで到達していた

県民の心のふるさと
「上毛三山」の個性的な
雄姿とその成り立ち

妙義山の茨尾根の
ピークから見る裏妙義の岩峰と鼻曲山(右奥)▲

個性際立つ上毛三山

　県の紋章や県旗にも使用されている群馬県のシンボル「上毛三山」は、赤城山・榛名山・妙義山を総称する呼び名だ。小・中・高校の校歌の歌詞にも多く登場するため、県民にとって“ふるさとの山”という認識が色濃い。

　県中部東寄りに位置する赤城山は、上毛かるたに「裾野は長し赤城山」と詠まれるほど長い裾野が印象的。ひとつの山の名ではなく、標高1828mの黒檜山を主峰に、駒ヶ岳、地蔵岳、荒山、鍋割山、鈴ヶ岳など、標高1272〜1828mの山々と、カルデラ湖の大沼・火口湖の小沼を含む複成火山*で、日本百名山や関東百名山にも数えられている。

　富士山型の美しいフォルムが特徴なのは榛名山。こちらも中央火口丘の榛名富士とカルデラ湖の榛名湖を取り巻くように、相馬山、烏帽子岳、鬢櫛山、掃部ヶ岳などの外輪山からなる二重式火山**の総称

群馬県の山地と上毛三山

群馬県民の“ふるさとの山”の象徴である上毛三山は、関東平野を見下ろす位置にある

▲裏妙義を代表する奇岩、丁須の頭は、直立に立つ金槌型のフォルムが特徴

谷川岳がある三国山脈

赤城山近くに迫る足尾山地

武尊山
白根山
三国山脈
利根川
足尾山地
草津白根山
吾妻川
赤城山
榛名山
渡良瀬川
浅間山
烏川
碓氷川
妙義山
鏑川
関東山地

0　　20km

◀妙義山パノラマパークから見た表妙義の岩峰

県南部から秩父山地などを含む関東山地

▶カルデラ湖の榛名湖に面する標高1390mの榛名富士

▲広い裾野が特徴の赤城山の山並み。左から鍋割山、荒山、地蔵岳、長七郎山、黒檜山

*複成火山とは、ひとつの火口か近接した火口で何度も噴火をくり返し、溶岩や火山礫、火山灰、軽石などを降り積もらせて大きく成長した火山のこと。単成火山は、一度の噴火活動で活動を終えた火山

だ。最高峰は標高1449mの掃部ヶ岳で、榛名湖を挟み榛名富士の向かい側に位置する。

妙義山は荒々しい岩尾根が特徴で、日本三大奇勝のひとつ。下仁田町、富岡市、安中市の境界に位置する山々の総称。表妙義は南側の白雲山や金鶏山、金洞山の三峰からなり、中木川の北側の裏妙義には、谷急山、烏帽子岩、丁須の頭などが並ぶ。最高峰の谷急山と御岳を結ぶ稜線上に奇岩の丁須の頭がある。

平野を囲む活火山と死火山

群馬県は、南東部の関東平野を西部の「関東山地」、北部の「三国山脈」、東部の「足尾山地」が囲む。周囲の山地は古い地層からなるが、上毛三山は、日本列島がアジア大陸から離れる時にできた大地の裂け目、フォッサマグナ上にある比較的新しい山々だ。

妙義山の火山活動が始まったのは、600万年ほど前と考えられ、300万年前以降、火山活動はまったく起きていない。妙義山の約100km南で40万年前に火山活動が起こり、現在は休火山の富士山よりはるか昔に火山活動が停止した後、風雨に浸食され続けた結果、現在の奇形の岩峰が誕生した。

大型の成層火山である赤城山は、7万〜5万年前のどこかで火砕流と軽石の噴出よって山頂カルデラが形成され、その後、中央火口丘の形成期を経て、4万5000年〜4万年前に鹿沼軽石が噴出。カルデラ内に小沼や地蔵岳などが形成され、2万4000年前に活動が終了した。有史以降では建長3(1251)年に噴火の記録があり、現在も活火山となっている。

榛名山は、50万〜24万年前に古期榛名火山の活動があり、榛名湖西側の掃部ヶ岳などが現れた。約20万年間の休止期を経て、5

万年前から新期榛名火山の活動が活発化。その際に榛名カルデラや榛名富士、蛇ヶ岳、相馬山、水沢山、二ッ岳の安山岩溶岩ドームが形成された。再び休止期を経て、5世紀から6世紀半ばにかけ、3回の噴火が発生。伊香保火砕流や二ッ岳熔岩ドームは、6世紀の最新の噴火で形成された。新期榛名火山も群馬県にある5つの活火山のひとつとなっている。

フォッサマグナの形成

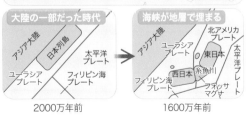

▲2000万年前に大陸から離れた日本列島は、1600万年前に2つに分離。海に土砂が溜まったフォッサマグナにできたのが上毛三山だ(参考:糸魚川ユネスコ世界ジオパークHP)

二重式火山とは、火山の火口やカルデラ内部に新しい火山ができたもの。
＊＊ 外側の火山を外輪山、内側の火山を中央火口丘という

四方を山々に囲まれた日本最大の山地湿原、尾瀬誕生の歴史と生物多様性

5月中旬から尾瀬ヶ原、尾瀬沼で開花するミズバショウ▶

生物多様性に富む楽園

　尾瀬国立公園（☞P13）の中心は標高1400mにある日本最大の山地湿原尾瀬ヶ原と標高約1660mにある尾瀬沼。北に標高2356mの燧ヶ岳、西に標高2228mの至仏山、南に荷鞍山、東に帝釈山と四方を2000m級の山々が囲む。

　海抜1000～2360mのエリアはブナを中心に、ダケカンバなどの亜高山帯の樹木やハイマツなどの高山帯の樹木が繁茂。尾瀬地域では、ミズバショウなど氷河期の遺存種である北方系や氷河期以降に南から伝わった南方系の種、降雪の影響をあまり受けない太平洋型や降雪の影響を受ける日本海型など、植物相は多様。高等植物＊だけでも900種を超え、オゼソウやオゼコウホネなど固有種も19種ある。

　野生動物も豊富で、準絶滅危惧種に指定されているホンドオコジョや、国の天然記念物のヤマネのほか、ツキノワグマなど30種以

尾瀬国立公園地図

凡例
- 特別保護区
- 第1種特別地域
- 第2種特別地域
- 第3種特別地域

352

新潟県魚沼市
御池
会津駒ヶ岳
7月上旬～9月上旬が見頃のヒツジグサ
福島県檜枝岐村
三条ノ滝
燧ヶ岳
田代山
帝釈山
尾瀬ヶ原
見晴
山ノ鼻
尾瀬沼
みなかみ町
至仏山
富士見峠
鳩待峠
荷鞍山
大清水
富士見下
401
体長15～30cmのホンドオコジョ
群馬県片品村
120
0　　　　5km

7月上旬～8月上旬が花期のニッコウキスゲ

◀尾瀬沼と尾瀬ヶ原を中心に四方を山地に囲まれた、4県にまたがる国立公園

▲蛇紋岩が露出する至仏山。蛇紋岩は、約2億年前に形成された古い岩石。隆起した後、風化により激しく侵食された
▶蛇紋岩がマグネシウムを多く含むため、その地質に適したオゼソウ（写真）やカトウハコベなど限られた植物しか生育できない

＊高等植物とは、根・茎・葉に分化し、維管束をもつ種子植物とシダ植物のこと

◀燧ヶ岳から見下ろした尾瀬沼と日光方面の山並み。いかに山深い地にあるかがわかる

◀総面積7.6kmの尾瀬ヶ原の中央部は高層湿原で、ミズゴケの絨毯の上にヒメシャクナゲなどが咲き、栄養豊富な低層湿原地帯には背の高いヨシが繁茂する

上の哺乳類や150種以上の鳥類が確認されている。林間部ではルリビタキやオオルリ、猛禽類のイヌワシ、湿原ではヒバリやノビタキ、尾瀬沼ではコハクチョウなどが見られ、渡り鳥の重要な中継地であることから、ラムサール条約にも登録されている。昆虫では、日本最小のトンボのハッチョウトンボなど、日本産の北方系の17種全種、南方系のチョウ、ツマグロヒョウモンも見られる。

湿原の形成

　この地はいかにしてできたのか？　約2億年前、後に至仏山となる蛇紋岩の山体が隆起し始めたが、一帯は数百万年前まで平坦な高原だった。510万〜170万年前の火山活動で景鶴山（けいづるやま）が噴火。山頂やアヤメ平の山腹を覆う溶岩はこの時の噴出物。170万〜1万年前に火山活動は活発化し、檜高山（ひのきたかやま）などが噴火。溶岩の粘り気が低く、皿伏山（さらぶせやま）のようになだらかな楯状火山を形成した。35万年前に噴火が始まり500年前に最後の噴火をしたのが燧ヶ岳だ。
　泥炭が形成され始めたのは8000年前。燧ヶ岳から流出した溶岩が沼尻付近を埋め立て、まず水深約9mの尾瀬沼を形成。同じ頃から溶岩が沼尻川を堰き止め、できた沼に周辺の山々から流入した土砂が堆積し、火山性高層湿原の尾瀬ヶ原が形成されていった。川は氾濫をくり返すも、河水は川に戻らず湿地状となり、そこに水生植物が繁茂。低温のため枯れても完全に腐らず水中に堆積して「泥炭層」を形成した。泥炭層は1年に1mm弱しか堆積しないが、数千年をかけて低層湿原から中間湿原となり、さらにミズゴケが水面より盛り上がる高層湿原となり、6000〜7000年をかけて5mもの厚い泥炭層を形成。東西約6km、南北約2kmの高層湿原となった。

尾瀬湿原の成り立ち

湖へ土砂が流入
▶土砂が流入し、周辺部が次第に浅くなり、ヒツジグサなどの浮葉植物やヨシやスゲなどが生える

コウホネ、ヒツジグサなど / ヨシ、スゲなど / 土砂

低層湿原
▶周辺部から湿生植物が生え、ヨシやスゲは泥炭化し始める。泥炭層が厚くなり、水はけが悪くなるとミズゴケが生え、泥炭化する

ミズゴケ / ヨシ、スゲ泥炭

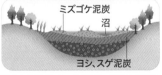

中間湿原
▶低層湿原が高層湿原になる過程で、高層湿原ほど水面が盛り上がっていないため、水が豊富に流れ込み、丈の高い植物が生育

ミズゴケ泥炭 / 沼 / ヨシ、スゲ泥炭

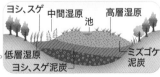

高層湿原
▶泥炭が多量に堆積し、ミズゴケ類が湿原中央部に進出。枯れて堆積を繰り返すうち泥炭層となって高層湿原を形成する

ヨシ、スゲ / 中間湿原 / 池 / 高層湿原 / 低層湿原 / ヨシ、スゲ泥炭 / ミズゴケ泥炭

"東洋のポンペイ" と呼ばれる活火山、浅間山 その壮絶な歴史を振り返る

発掘から
蘇った鎌原村の鎌原観音堂▲

約10万年続く火山活動

　日本には、現在111の活火山があるが、浅間山は本州では唯一、噴火警戒レベル2の「火口周辺規制」がかかる活火山だ。その歴史は古く、最初に黒斑山（くろふやま）が噴火を始めたのは10万年ほど前。ちなみに浅間山とは一つの山の名ではなく、右ページに示したように、黒斑山、前掛山（まえかけやま）、小浅間山などを含む一連の山の総称だ。最初の噴火で標高2800mほどの成層火山に成長した黒斑山は、2万4000年ほど前の大噴火で山体崩壊が起き、山頂の東半分が崩れ落ちて西半分が外輪山として残った。2万年ほど前から始まった噴火では、仏岩（ほとけいわ）や、溶岩円頂丘（溶岩ドーム）の小浅間山や離山（はなれやま）などが誕生した。およそ1万3000年前に噴出した、大量の軽石と火山灰と大規模な火砕流がつくり出したのが、広大な浅間高原だ。約1万年前からは前掛山が成長を開始。有史時代の最初の記録は、『日本書記』に書かれた白鳳13年（685）の噴火だ。その後も仁和3年（887）と天仁元年（1108）、弘安4年（1281）に大噴火が起き、前掛山は成長を続けた。約200年間は沈静していたと推測されるが、16世紀に入ると再度

◀鎌原観音堂の石段発掘の際に見つかった犠牲者の遺骨。ポンペイでも同様の人骨が出土している（写真：嬬恋郷土資料館）

▲天明の大噴火を描いた「夜分大焼之図」。ポンペイを埋めたベスビオ山の火山と同じプリニー式噴火だった

▲オランダ商館長の『将軍列伝』の挿絵として、ヨーロッパにも紹介された天明の大噴火を描いた絵図

火山活動は活発化し、年が経つごとに噴火の頻度は増していった。17世紀末からはほぼ毎年のペースで噴火を起こし、天明3年（1783）を迎えることとなる。

"東洋のポンペイ"鎌原村
そのとき、浅間山は…

火山噴火は、天明3年5月9日から始まった。火災物が降り下り、火砕流や溶岩流、岩屑なだれが起こるなど、その活動は8月上旬まで頻発。7月28日の噴火は江戸の戸障子が振動するほどの規模で、関東一円に火山灰が降り注いだ。8月1日には火山灰で昼でも暗闇となり、8月2日は火山雷や噴石のために前掛山は火の海に。3日には牙山（ぎっぱやま）に火山弾が降り注ぎ、山火事に発展。翌4日の午後は、黒豆河原や六里ヶ原（ろくり）一帯に火砕流が流れ、森林が一瞬のうちに焼け野原となった。

そして、8月5日午前10時、噴火は最高潮に達した。大量の軽石や火山灰を放出するプリニー式噴火で、大音響とともに火砕流が噴出、土石流が吾妻川（あがつまがわ）に流れこんで川は決壊。周辺の部落は泥水に覆われた。続いて鎌原火砕流が噴出し、「上毛かるた」に詠まれているように、幅2km、長さ5kmにわたって流れ出した鬼押出し溶岩は、現在鬼押出し園に見られる光景を生み、群馬県下で1400人余りの犠牲者を出す大惨事となったのである。

一瞬にして数mの土石に埋まった鎌原村の様子はまさに"東洋のポンペイ"と称される姿となった。村で唯一残ったのは鎌原観音堂。それも当初50段あった石段は上15段以外は土に埋もれ、「天明の生死を分けた15段」として語り継がれている。

日本の火山噴火の最大の災害となった天明

の大噴火と同じ頃、アイスランドでも大噴火があり、両者の火山灰が日射を遮り、世界中が寒い時代となり、天明の大飢饉をも招いた。2000年以降も10回以上の噴火を起こし、現在も噴火警戒レベル2を維持している。

◀天明の大噴火で流れ出た溶岩流がそのまま残る鬼押出し園から浅間山を望む

浅間山の成り立ち 約10万年に及ぶ火山活動で山容は変化を続け、天明の大噴火以後にほぼ現在の山並みになった

約10万年前　黒斑火山　高峰山・水ノ塔山

▲最初に噴火したのは黒斑火山。浅間火山最古のもので、10万年前に噴火した

約2万4000年前

▲黒斑火山は、約2万4000年前の大噴火で山体崩壊を起こし、山頂の東側がなだれ落ちた

約2万～1万年前　仏岩火山　小浅間山

▲仏岩火山が大規模な火砕流を噴出。その活動の初期に、東側には小浅間山も形成された

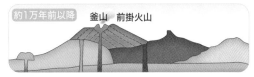

約1万年前以降　釜山　前掛火山

▲約1万年前から前掛火山の活動が活発に。現在は前掛山の火口にできた釜山が噴煙を上げている

群馬県に端を発する "坂東太郎" こと 利根川が担う多大な役割

2020年に完成した
重力式コンクリートダムの
八ッ場ダム▶

日本が誇る大河

　日本の川を象徴する言葉に "三大河" と "日本三大河川" がある。三大河とは、利根川、筑後川、吉野川。日本三大河川とは、信濃川、利根川、石狩川。いずれにも属しているのが利根川だ。

　上毛かるたで「利根は坂東一の川」と詠まれるように、足柄峠と碓氷峠以東が坂東と呼ばれていた時代、利根川は日本の川の長男と

して「坂東太郎」と呼ばれた。基準は「暴れ川」にあり、三大河ともに降雨により氾濫する川として名高い。今も昔もその暴れっぷりに周辺住民は悩まされてきた。20世紀だけでも、昭和22年(1947)のカスリーン台風や翌年のアイオン台風、昭和24年のキティ台風など、毎年のように台風被害に遭っている。

　一方、長さもしくは流域面積から日本三大河川に数えられる利根川は、流域面積が1万6840㎢で、日本第1位を誇り、全長322kmは信濃川に次ぐ日本第2位の長さ。

　群馬県には、野反湖を源流とする信濃川水系と尾瀬を源流とする阿賀野川水系、そして大水上山の雪渓に端を発する利根川水系の3つの水系が、葉脈のように張り巡らされている。利根川水系が県土の99%を形成することから、いかに重要な大動脈であるかがわかる。

　源となる大水上山は中央分水嶺にあたり、降った雨が群馬県側に流れれば利根川に、新潟県側に流れれば三国川を経て信

利根川水系とダム

阿賀野川
水源の尾瀬

利根川水源の
大水上山

信濃川
水源の
野反湖

福島県

―　川
■　ダム
▲　山
□　水源

大水上山
矢木沢ダム
相俣ダム
奈良保ダム
藤原ダム
野反湖
白根山
品木ダム
吾妻川
沼田
薗原ダム
栃木県
八ッ場ダム
渋川
草木ダム
前橋
群馬県
浅間山
高崎
伊勢崎
桐生
烏川
太田
茨城県
神流川
利根川
渡良瀬遊水地
下久保ダム
長野県
埼玉県

銚子市で
太平洋へ

山梨県
東京都
千葉県
神奈川県
東京湾

0　20km

◀山間部から森林地帯をぬけて関東平野を流れる利根川には、9つのダムと1つの遊水地があり、人々の暮らしを支えている

　※三大河のうち、九州の筑後川は "筑紫次郎"、四国の吉野川は "四国三郎" と呼ばれる

◀建設か否かで紛糾した八ッ場ダムは、利根川の主要な支流である吾妻川中流部に建設された。開削が始まった頃のダム周辺の様子

◀完成した八ッ場ダムは、発電のほか、農地防災や上水道用水、工業用水などに使用される多目的ダム

濃川に合流し、日本海へ注ぐ。群馬県側への流れは、みなかみ町で赤谷川、沼田市で片品川と合流。赤城山や榛名山の間をぬって南下し、渋川市で吾妻川、伊勢崎市で烏川に合流。さらに県東部で渡良瀬川と合流して、関東平野を東へ向かう。かつては江戸湾（現・東京湾）へ注いでいたが、徳川家康による東遷を経て、現・千葉県の銚子市から太平洋に注ぐようになってから370年近くが経つ。

生活を支える利根川

　水害をもたらす利根川だが、功績も大きい。流路は群馬、栃木、茨城、埼玉、千葉、東京の1都5県にわたり、流域の人口は、日本の全人口の約10%にあたる約1300万人。その水は農業用水のみならず、産業の発達によって

▲利根川の源となっている大水上山の雪渓。群馬県利根郡みなかみ町と新潟県の魚沼市、南魚沼市との境にある。標高は北峰が1831m、南峰が1834m

工業用水や生活用水にも使われるようになり、1都5県、約3055万人の飲料水にも使用され、"関東の水がめ"とも呼ばれるほど、関東一円の人々にとって、不可欠な大河なのだ。

　それを担っているのが、利根川に設置された9つのダムだ。記憶に新しいのが、2020年に完成した八ッ場ダムだろう。昭和27年（1952）に建設省（現・国土交通省）が計画してから、長野原町、吾妻町（現・東吾妻町）の住民の同意を得るまでに40年以上かかり、度重なる計画変更を経て、発案から完成まで68年を要した。消滅した町への無念が消えることはないが、年間一般家庭約1万2000世帯分の発電電力量を担う役割は無視できない。

流路を大きく変えた徳川家康の利根川東遷

　徳川家康が江戸に入った頃、利根川は現・埼玉県の越谷あたりで荒川と合流し、江戸湾へ注いでいた。度重なる洪水で一帯は江戸を含め大湿地帯となっていた。水田地帯を洪水から守り、木材を運ぶ舟運を開発することを目標に、家康が発案したのが、利根川と荒川を分離させ、利根川の流路を太平洋に注ぐ"利根川の東遷と荒川の西遷"事業だった。

　文禄3年（1594）に着手された事業は、承応3年（1654）に完成し、現在のように利根川は太平洋に注ぐ流路となった。家康の大規模な治水事業により人口は増加。江戸の人口は100万人という当時では世界最大級の都市に発展したのだった。

中央分水嶺とは、日本列島の太平洋側と日本海側とを分かつ「分水界」のこと。山岳地帯では、稜線と一致していることが多い

まるで日本列島誕生の縮図⁈
日本特有の地質のデパート
下仁田ジオパーク

海底火山の証拠を示す青岩が広がる青岩公園▲

付加体とクリッペ

下仁田ジオパークで見られる地質には、日本列島が大陸から離れ、現在の形になるまでに受けてきた様々な地殻変動の痕跡があちこちにある。パーク内は10のエリアに分かれ、全部で38カ所のジオサイトがあり、世界的にも貴重とされている。

そのひとつが、「付加体」を示す地質だ。チャートや石灰岩、水中溶岩などが堆積した海洋地殻が遠い海から陸側へ移動し、大陸地殻に押し付けられた際に剥ぎ取られ、陸側に張り付けられたものを付加体という。山中にもかかわらず、サンゴ礁でできた石灰岩が見つかるのはその一例だ。青岩公園では、6500万年前頃の地層で、海底火山が地下深くで強い圧力を受けてできた変成岩の緑色岩が見られる。奥栗山渓谷の縞状チャートは、プランクトンの死骸が降り積もって固まった化石からなる。サンゴ礁が石灰岩となり、地表に露出しているのは、青倉の石灰岩。このように、付加体が顕著に見られる場所が数多い。

第2の特徴は「クリッペ」と呼ばれる"根なし山"の存在だ。跡倉クリッペはその代表で、山の上と下では、地質がまったく異なる。山は北方から移動してきた1億3000万年前の砂岩（跡倉層）でそこに定着し、後に河川などで侵食されて現在の山の形になったもの（下図）。地盤となっているのは、青岩公園と同じ6500万年ほど前に形成された緑色岩などだと考えられている。蒔田不動の滝もクリッペの一種で、地盤とは異なり、滝の部分は2億7000万年前の下仁田最古の花崗岩類でできている。

中央構造線と火山活動

日本列島の背骨といわれる「中央構造線」。関東から九州まで延びる、日本最大の断層で、

跡倉クリッペ ▼緑色の部分が地盤となっている6500万年前の変成岩で、山の部分が1億3000万年前の砂岩からなる

鎌抜山 752m　大山 857m　御嶽 576m　根なし山　大崩山 461m　川井山 452m　四ツ又山 899m　地盤となる地層

その一部が下仁田の町中を東西に走っている。

下仁田で見られるのは、関東最大級の中央構造線の露頭。上信電鉄下仁田駅から西へ約700m行った、西牧川を渡った善福寺下の河床にある「川井の露頭」は、関東でもっともよく観察できる中央構造線の露頭とされる。

下仁田町の西方では、950万年前と700万年前の2度にわたり、大地が大陥没を起こした。その後、陥没した内部で激しい火山活動があり、周辺に当時の火山活動の痕跡が見られる。山頂の平坦面が1.2kmも続く荒船山は、火山活動で噴出した溶岩の名残り。御堂山に続く南尾根の一角にある奇岩「じぃと

ばぁ」も火山噴出物が侵食された姿だ。

下仁田ジオパークには、日本列島の地質を語る上で外せない要素が詰まっている。

▲山頂の平坦部分が1.2kmも続く荒船山。700万年前の火山活動の際、溶岩が平らな地面に流れ固まったと考えられている

下仁田の主なジオスポット

▲❶妙義山にある4つの石門のひとつ第四石門。約500万年前に堆積した火山岩や火山砕屑岩が侵食された

▲❷下仁田町のほぼ中央の御堂山に続く南尾根の一角にある「じぃとばぁ」。火山噴出物が侵食を受けた

◀❸世界遺産にも登録されている荒船風穴。玄武岩の岩塊斜面の末端部に建てられ、今でも冷風が噴き出す

◀❼大きな力を受けて、地層が押し曲げられた様子が見られる大桑原の褶曲（写真：ジオパーク下仁田協議会）

▲❻数千万年前の硬い岩盤のため、川幅が横に広がらず、険しい渓谷となったはねこし峡

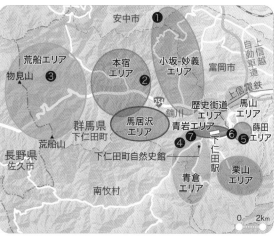

安中市 ❶
荒船エリア
物見山 ❸
本宿エリア ❷
小坂-妙義エリア
富岡市
上信越自動車道
群馬県下仁田町
馬居沢エリア
歴史街道エリア
馬山エリア
254 鏑川
青岩エリア ❻ 蒔田エリア ❺
荒船山 ❹❼
下仁田町自然史館
下仁田駅
長野県佐久市
青倉エリア
栗山エリア
南牧村
0 2km

▲❺クリッペの一例、横瀬川西沢にかかる落差約40mの蒔田不動の滝

◀❹地殻変動を受けて、地層が上下逆さまになった宮室の逆転層。上が古く、下が新しい地層（写真：ジオパーク下仁田協議会）

未来に残したい山と水の恵みを受けた国指定の天然記念物

草津白根のアズマシャクナゲ▲

太古の昔から育まれた宝

　県の面積の3分の2を丘陵山地が占める群馬県。そこで育まれ、国の文化財保護法によって指定された天然記念物は17件。

　とりわけ多いのは独立樹と呼ばれる樹木だ。昭和8年（1933）に県内初の天然記念物として指定されたのは、高崎市にある榛名神社の矢立スギだ。推定樹齢500年で、樹高33m、幹周9.9mの巨木。薄根の大クワは、樹高13.65mで、野生のヤマグワとして日本一の高さを誇る。昭和31年の測定時からの50年間に根元周囲は約1.4mも太くなった。推定樹齢1500年の見事な枝ぶりに圧倒される。前橋市にある横室の大カヤと原町の大ケヤキは、いずれも推定樹齢1000年の大木。2本の

キンモクセイのうち、華蔵寺のキンモクセイは、枝張りが東西20m、南北15mという迫力。永明寺のものは、樹齢750年で、樹高16mを誇っていたが、昭和41年の台風で倒木してしまった。しかし、幹から生えた芽が7mほどまでに成長し、生命力の強さを伝えている。

　植物の群生としては、安中原市のスギ並木や湯の丸レンゲツツジ群落、草津白根のアズマシャクナゲおよびハクサンシャクナゲの群落、敷島のキンメイチクなどが指定されている。豪快な滝の様相が観光客に人気の吹割の滝は、国の名勝にもなっている。4件が指定されている地質・岩石のうち、圧巻は岩神の飛石。高さ10m、周囲70mの巨岩は、2万4000年前の火山噴火を今に伝える貴重な史料である。

▲指定名は「吹割渓ならびに吹割瀑」。通称は吹割の滝。高さ7m、幅30mで、別名は「東洋のナイアガラ」

▲上空から見た吹割の滝。凝灰岩と花崗岩の川床上を流れる片品川の清流が岩を浸食し、大きな割れ目を形成した

草津白根のアズマシャクナゲおよびハクサンシャクナゲ群落

アズマシャクナゲは石古根山の南斜面、ハクサンシャクナゲは殺生河原の東北部を中心に低山帯上部から亜高山帯に自生する

三波川(サクラ)

明治41年(1908)に1000本の桜を植樹。以来桜山と呼ばれ、11月～12月に咲く冬桜と紅葉の競演が見事。春も開花する二度咲き種

薄根の大クワ

根本周囲5.67m、樹高13.65mの大木。容姿端麗なことから、長い間「養蚕の神」として崇められてきた。江戸時代には検地の標木に

岩神の飛石

周囲70mの巨岩。2万4000年前の浅間山噴火による山体崩壊で生じた前橋泥流で前橋まで運ばれたものと考えられている

敷島のキンメイチク

渋川市赤城町の上の森八幡宮社殿横にある。キンメイチクはマダケの突然変異によってできた変種で、学術的にも貴重とされる

安中原市のスギ並木

旧中山道沿いに、慶長9年(1604)から貞享3年(1686)の間のいずれかに植樹された。天保15年(1844)には732本あったが、現在は13本に

湯の丸レンゲツツジ群落

標高2105mの湯の丸山の旧鹿沢温泉側の山腹に広がる、約60万株のレンゲツツジの純群落。とくに6月下旬に一斉に開花する様は壮観

六合チャツボミゴケ生物群集の鉄鉱生成地

チャツボミゴケ公園(☞P40)にあり、強酸性で金属イオンの濃度も高く、鉄バクテリアの生物活動の副産物として鉄鉱が生成されている

生犬穴

昭和4年に、石灰岩の穴の奥で発見された300mほどの鍾乳洞。山犬の遺骨が出たことが名の由来
(写真:上野村教育委員会)

榛名神社の矢立スギ

永禄6(1563)年に、武田信玄が榛名神社に祈願して箕輪城を落とすことができたことへの礼に、木の下に弓矢を置いたことから「矢立スギ」と命名された

水鳥だけじゃない！
貴重な動植物のパラダイス
県内にある3つの湿地

渡良瀬遊水地に
生息するチュウヒ▲

火山性の特徴が顕著な
芳ヶ平湿地群
よし　が　だいら

　全国に53カ所あるラムサール条約湿地*のうち、群馬県で登録されているのは3カ所。唯一、群馬県のみに所属するのが、2015年登録の芳ヶ平湿地群で、猛禽類で留鳥のミサゴや、幼生の頃は湿地帯を好むクロサンショウウオなどの絶滅危惧種も生息。植物442種、動物20種、野鳥62種、トンボ14種が確認される動植物の楽園だ。標高2160mの草津白根山山頂から標高1200mの北東斜面までの8.87㎢に、中間湿原（☞P31）や火口湖、池沼、河川が階段状に続き、火山特有の強酸性の水質と火山ガス、高い地熱や水温など、特殊な環境が独自の生態系を形成している。

　芳ヶ平湿原とその東にある大平湿原は、温帯針葉樹林帯の代表的な中間湿原で、火山性の地勢に適したヌマガヤやツルコケモモなどが生育する。

　さらに東方では、好酸性のコケの代表格であるチャツボミゴケが生育。その名を冠したチャツボミゴケ公園では、鉱泉が涌く水流周縁が緑のじゅうたんで覆われる幻想的な風景が見られる。火山性地域ならではの生態を示すのが、日本固有種のモリアオガエルだ。通常は木の枝に産卵するが、水質の酸性度が高く、天敵がいないため、水辺の草にも産卵する。高い地熱と高い水温の伏流水、強酸性の水質に適応・進化したと推測され、芳ヶ平湿地群はモリアオガエルの日本最高標高地の繁殖地となっている。

▲ミズバショウが咲く湿原の向こうに至仏山が見渡せる尾瀬ヶ原

▲周囲を堤防で仕切った3つの調節池があるのは、栃木県と埼玉県との県境に位置する渡良瀬遊水地

* ラムサール条約とは、「特に水鳥の生息地として国際的に重要な湿地に関する条約」のことで、湿地の生態系を守るために指定地は保護・管理される

尾瀬と渡良瀬遊水地

福島・群馬・新潟の3県にまたがる尾瀬（☞P30）もラムサール条約湿地のひとつ。尾瀬ヶ原や尾瀬沼を含む87.11㎢の広大な湿地で、日本最大の高層湿原。積雪が4mを超える豪雪地帯にあり、1年の半分以上が雪に覆われるため、植物が枯死しても分解されず、泥炭となって積み重なる特徴がある。ニッコウキスゲやミズバショウなど湿原植物の宝庫だ。

そして、もうひとつが茨城・群馬・栃木・埼玉の4県にまたがる渡良瀬遊水地。ラムサール条約では、天然か人工か、永続的か一時的か、水が滞っているか流れているか、淡水か汽水かは問われない。よって関東平野のほぼ中央に位置し、洪水を一時的に貯水して流

◀芳ヶ平湿原の木道を取り囲むように咲き誇るワタスゲ
▼カルガモ一家の散歩風景が見られるのも芳ヶ平湿原の楽しみのひとつ

域の水害発生の防止や生活用水の貯水のために設けられた人工的な遊水地だが、条約に登録されている。約140種の鳥類が確認されており、絶滅危惧種のうち国内希少野生動植物種のチュウヒのほか、春から夏にかけてはオオヨシキリやセッカなど草原性の鳥類の繁殖地、冬季にはカモ類などの越冬地となっている。

芳ヶ平湿地群地図

▶日本国道最高地点渋峠からの芳ヶ平湿原

横手山頂ヒュッテ
横手山
渋峠ホテル
292
長野県
高山村
日本国道最高地点（2172m）
芳ヶ平湿原
中之条町
中央分水嶺
大平湿原
大池
チャツボミゴケ公園水池
穴地獄
嬬恋村
白根山
湯釜
平兵衛池
香草
群馬県
草津町
466
292
55
292
天狗山レストハウス（草津国際スキー場）
至六合→
↘至長野原

0　　　1km

▲水辺で産卵するモリアオガエル

◀草津白根山の火口湖の湯釜は、強酸性のエメラルドグリーンの湖面が特徴

▲チャツボミゴケ公園を緑一色に染めるチャツボミゴケ

▲絶滅危惧種のクロサンショウウオも幼生時には水辺を好んで生息する

41

約2.2km続く神秘の世界

関東地方には、東京都にある日原鍾乳洞をはじめ、神奈川県の江の島岩屋、栃木県の鍾乳洞源三窟など複数の鍾乳洞がある。その中でも、埼玉県との県境に近い群馬県南部の川和自然公園にある不二洞は、群を抜く長さで定評がある。いまだに全容は把握されておらず、わかっているだけで全長は約2.2kmで、関東では最長を誇る。ちなみに日本三大鍾乳洞のひとつ、山口県の秋吉洞の総延長は約11.2km。

標高700mの秩父帯南帯の石灰岩体の中に形成された不二洞は、県の天然記念物に指定されている。入り口から120mほど人工トンネルを進むと、らせん階段があり、横穴型の主洞へと続く。

この鍾乳洞が発見されたのは、1200年ほど前のこと。伝承によれば、サルたちが集まる場所に小さな穴があり、近寄ってみると、そこに鍾乳洞を発見したという。以後、探検が繰り返され、400年ほど前に、藤原山吉祥寺の開山である安宗が、初めて洞内の探険に成功したという。その後、安宗が、洞内を修行の場としたことから、洞内の45カ所に仏教にちなむ名称がつけられた。

約200年前に川和集落で疫病が流行った際、吉祥寺六代住職だった悦厳上人が天台宗の百巻経を墨で石に書き、奉納した結果、疫病が収まったという。

サルに導かれたことから「庚申の穴」、山の名称から「大福寿穴」と改称されてきたが、疫病鎮静を機に、二度と災いが起きないようにと「不二洞」の名をつけたといわれる。川和自然公園内で整備された不二洞は、観光スポットとしても人気が高い。

▲川和自然公園内にある鍾乳洞の入り口

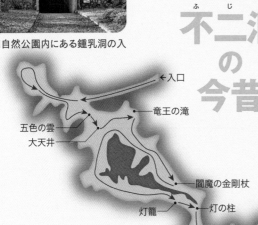

←入口
←竜王の滝
五色の雲
大天井
閻魔の金剛杖
灯籠
灯の柱
五百羅漢
空穴
→出口

▲五百羅漢や閻魔の金剛杖など、仏教にちなんだ見どころが点在する

▲通年、約10℃を保つ洞内は、迷路のよう

▲鍾乳洞を出たところから見える風景

社会

それまでの常識を覆し
日本に新たな時代を加えた
岩宿遺跡の発見
いわ じゅく

岩宿遺跡に隣接する岩宿博物館。
出土品や、マンモスの
全身骨格のレプリカなどを展示する（写真：みどり市観光協会）▲

行商の帰りに発見した
旧石器時代の石片

　現在では日本にも旧石器時代があったことは、当たり前の事実として受け入れられている。だが、それが判明したのは戦後の1940年代後半だ。それまでは、縄文時代以前の日本列島には人が住んでいなかったというのが定説だった。なぜなら、当時の日本は火山噴火が頻繁で、とても人類が生活できる環境ではなかったと考えられていたからだ。そのため、縄文時代以前に降り積もった赤土（関東ローム層）からは、人類の痕跡を示す遺物は出土しないと思われていた。

　この定説を覆して、縄文時代以前に人々の生活があったことが判明したのが、みどり市

▲岩宿遺跡の発掘地点に設けられた岩宿ドーム。内部では、関東ローム層の実断面を見ることができる

◀相澤が考古学者として正当な評価を得るようになるまでには、岩宿遺跡の発見から20年近い年月を要した。昭和42年には、第1回吉川英治文化賞を受賞した
（写真：相澤忠洋記念館）

にある岩宿遺跡である。岩宿遺跡は琴平山、稲荷山という小さな丘陵が接する場所に位置し、2つの丘の間は切通しになっていた。昭和21年（1946）のある日、相澤忠洋という
あいざわただひろ
青年が、納豆の行商からの帰り道にここを通りかかり、露出していた関東ローム層の赤土から黒曜石の石片を発見した。アマチュア考古学者だった彼は、その後も行商のかたわら一帯を調査。次々と石片を見つけ、昭和24年の夏、ついに黒曜石の石槍（石器の一種）を発見したのである。

　この発見を研究者たちに伝えるため、相澤青年は、住まいのあった桐生市から東京まで、約120kmの道のりを自転車で、それも日帰りでたびたび往復したといわれている。しかし、彼を単に考古学が好きなアマチュアと見た研究者たちは、まともに取り合わなかった。そんななか、彼の話に興味を抱いたのが明治大学だった。

＊表面を研磨加工した石器。世界的には約1万年前から使用されるようになるが、日本列島では、約4万〜3万年前の後期旧石器時代初期には使用されていたとされる。

学会では無視された偉大なる功績

昭和24年9月、明治大学は相澤とともに岩宿で発掘調査を行い、関東ローム層の中から多くの石器を発見した。岩宿からやや離れた場所では縄文時代の土器も発見されていたが、それらはいずれも関東ローム層より上層の黒土から出土しており、岩宿遺跡から発見された石器は、縄文土器より古い時代のものであることは明らかだった。こうして、日本にも縄文時代以前に旧石器文化があったことが裏付けられたのである。

それだけでなく、関東ローム層の中には、約3万5000年前の石器群と、約2万5000年前の石器群からなる2つの異なる層があり、旧石器時代が長期間に及んでいたこともわかった。なお、日本の旧石器時代はヨーロッパなどとは異なり、磨製石器*を有するなどの独自性があることから、この時代は岩宿遺跡にちなんで「岩宿時代」とも呼ばれている。

しかし、この重大な発見について当時の学界や報道では、相澤の存在はほとんど無視され、その功績を否定する向きもあったようだ。そこには、学歴もないアマチュアの相澤に対するねたみもあったという。しかし、当の本人である相澤の、考古学への情熱は冷めることはなかった。彼はその後も、権現山遺跡（伊勢崎市）、夏井戸遺跡（桐生市）など数多くの旧石器時代の遺跡を発見した。岩宿遺跡も含

めると、その数は21にものぼる。

現在、日本にある旧石器時代の遺跡は約1万カ所以上にのぼり、そのなかには岩宿遺跡より重要な遺跡も多い。しかし、旧石器の発見によって歴史研究に大きな光明を与えた点で、相澤の岩宿遺跡の発見は日本考古学史上、比類なき偉業といわれる。

▼空から見た岩宿遺跡。石器が発見された切通しを境にして、北部の丘陵が稲荷山、南部が琴平山（写真：岩宿博物館）

相澤青年は、このあたりで最初に石器を発見した

▲相澤が昭和24年に発見した黒曜石の尖槍。槍先形尖頭器と呼ばれる長さ6.9cmの石器で、非常に高度な技術で作られているとされる（写真：相澤忠洋記念館）

▲岩宿博物館に展示されている相澤の自転車。ふだんは納豆を入れる籠に、石器や着替えを入れて東京まで走らせたという

美にこだわった縄文人と
水田に足跡を残した弥生人
群馬県の縄文・弥生時代

榛東村耳飾り館では、
縄文時代の茅野遺跡から出土した
耳飾りが見られる(写真:観光ぐんま写真館)▲

美的センスにあふれた
おしゃれな縄文人

　岩宿遺跡の発見によりその存在が明らかになった日本の旧石器時代は、紀元前1万年頃まで続き、次いで縄文時代となった。この時代は弓矢や土器の発明によって、狩猟活動や食生活に大きな変化がもたらされ、定住生活も始まった。群馬県では、現在の人々が生活しているほとんどの場所で、縄文人が暮らしていたといわれる。

　県内には著名な縄文遺跡が多く、約1万3000年前の貯蔵穴群と約1万1000年前の住居跡が見つかった西鹿田中島遺跡(みどり市)は、東日本を代表する縄文時代草創期の

▲3500〜2300年前の矢瀬遺跡は親水公園として整備され、水場や祭祀場、住居が復元されている。近くのみなかみ町月夜野郷土歴史資料館に出土品が展示されている

遺跡だ。縄文時代中期から後期にかけての三原田遺跡(渋川市)は、県内最多の333軒の住居跡が発見された大集落だった。大量の土器も発見され、県内での縄文中期を代表する三原田式土器の由来となった。縄文時代後期から晩期にかけての矢瀬遺跡(みなかみ町)は、集落の中央に祭祀場と水場があり、隣接して墓が作られ、周囲に住居が広がっていた。これらがそろって発見されたことから、当時の集落構造を教える貴重な遺跡となっている。

　縄文人はおしゃれで、美的センスにあふれていた。特に耳飾りは有名で、上野千網谷戸遺跡(桐生市)や茅野遺跡(榛東村)からは、大量の土製の耳飾りが出土している。また、郷原遺跡(東吾妻町)から出土したハート形土偶(重要文化財)は、日本を代表する原始美術の傑作とされ評価が高い。

▶三原田遺跡から出土した三原田式土器。三原田式は中が空洞で立体的な文様が特徴。見た目から「カッパ土器」と呼ばれるものもある(写真:群馬県埋蔵文化財調査センター)

＊方形周溝墓は埋葬部分の周囲に溝を方形に巡らした墳丘墓、土坑墓は穴を掘って遺骸を直接埋葬したもの、
壺棺は日常的に使用する壺を棺に転用したもの

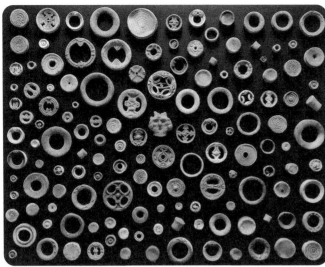

◀茅野遺跡から出土した、縄文時代後期後半から晩期前半の多彩な耳飾りと土偶頭部（中央）。耳飾りは最大でも直径10cmほどの円の内側にさまざまな文様が描かれている。重要文化財（写真：榛東村耳飾り館）

▶郷原遺跡出土のハート形土偶は、健康な生命の誕生を祈る信仰遺物とされ、縄文人の芸術センスを証明する。個人蔵。東京国立博物館保管（写真：東京国立博物館）

火山灰に守られた 弥生時代の人々の足跡

　縄文時代に続いて弥生時代が到来すると、人々は平野部へ移動し、稲作（水稲耕作）を始めた。当初は弥生文化と縄文文化が共存していたようで、115軒以上の住居が見つかった弥生時代初期の新保遺跡（高崎市）からは、大量の木製農具とともに1000点以上もの中型動物の骨が出土し、狩猟も盛んに行われていたことがうかがえる。群馬での稲作は、弥生時代中期に始まったと考えられている。

　三方を山に囲まれ、南東に開ける関東平野に幾筋もの川が流れる群馬は、肥沃な土壌と豊富な水に恵まれ、水田の大開拓が進められた。現在見つかっている県内最古の水田跡は並榎北遺跡（高崎市）のものだが、特に重要なのが日高遺跡（高崎市）だ。浅間山の火山灰層に覆われていたために良好な状態で保存され、平安時代の水田の下から、弥生時代後期から古墳時代初期にかけての水田が発見された。当時の人々の足跡や畔の跡も残っていたとい

うから驚きだ。水田に接して住居群や、方形周溝墓、土坑墓、壺棺*なども発見され、居住域、生産域、墓域からなる弥生後期の集落景観が明らかになった。日高遺跡では、長野県や東海地方の特徴を持つ土器が出土していることから、当時の人々は広範囲にわたって交流をしていた様子がうかがえる。

　また、八束脛洞窟遺跡（みなかみ町）では、大量の焼かれた人骨のほか、穴の開いた歯や骨が発見された。穴の開いた骨は、親しい人々が首飾りなどとして身につけていたものと考えられており、弥生人の死生観や美意識を示すものとして興味深い。

▲日高遺跡は昭和52年（1977）、関越自動車道の建設に先立つ発掘調査で発見された。当時の暮らしを総合的に知るための重要な遺跡である（写真：群馬県）

古墳の数は東日本一！東国文化の中心地だった古墳時代の群馬

コスモス畑を前に横たわる高崎市の二子山古墳▲

ヤマト政権が重きを置いた東の「上毛野国（かみつけのくに）」

　弥生時代後半の日本では、水田経営を中心として集団をまとめる首長層が各地に登場し、3世紀半ばには、彼らの大型墳墓である古墳が築かれ始めた。3世紀後半以降に畿内でヤマト政権が成立すると、その支配下に入った地方の首長たちも続々と前方後円墳を築くようになった。古墳は、当時の政治・経済・文化の中心地だった畿内をはじめとする西日本で多く築かれたが、東日本では現在の群馬県に特に多い。かつては1万3000基以上の古墳が築かれたといわれ、現在でも県内には約2000基の古墳が見つかっている。なかでも、築造にはヤマト政権の許可が必要だったと思われる大型の前方後円墳が多いのが際立つ。

　それは、ヤマト政権がこの地域を重要視していたためだろう。肥沃な土壌と豊富な水に恵まれ、農業の生産性が高かった群馬には有力な豪族が多く、彼らは朝鮮半島など大陸との交流も積極的に行った。また、5世紀後半から馬の飼育と生産が盛んになり、上質な馬をヤマト政権に供給するようになった。さらに群馬は、畿内と東国を結ぶ交通上の要衝でもあった。地方支配の強化を望むヤマト政権

◀空から見た保渡田古墳群。右の八幡塚古墳は墳丘長102m、左の二子山古墳は墳丘長108m。いずれも復元で、付近一帯は歴史公園の「上毛野はにわの里公園」として整備されている

▲八幡塚古墳は二重の濠に囲まれ、内濠の内部に祭祀場である4つの島が配置されているほか、多くの埴輪が配されている。石室では実物の石棺も見られる

＊底石と4枚の側石、蓋石を組み合わせた箱形の石棺で、大きいものでは長さが3m近くにもなる。5世紀代には王者の棺として、近畿地方の大型古墳で多く用いられた

にとって、「上毛野国」と呼ばれ、東国文化の中心地だった群馬との結びつきを強めることが必要だったのである。

数以上にバラエティ豊かな群馬の古墳群

重要な古墳は枚挙いとまがない群馬において、東日本最大の前方後円墳が、5世紀前半の天神山古墳（太田市）だ。墳丘の全長は210mにも及び、築造時には全国で2番目に大きい前方後円墳だったという。大王級の古墳でしか見られない長持形石棺*が使用されていることからも、当時の支配者の権力の大きさがうかがえる。また、6世紀の七輿山古墳（藤岡市）も、墳丘長は150mという県内屈指の大きさである。

古墳時代中期の保渡田古墳群（高崎市）は、二子山古墳、八幡塚古墳、薬師塚古墳3基の大型前方後円墳からなる古墳群。当時の東日本で唯一、墳丘100m前後の巨大古墳が隣接して3基も造られた場所といわれる。

6世紀後半の前方後円墳である観音塚古墳（高崎市）は、県内一の広さを誇る石室を持つ。

▲伊勢塚古墳の模様積石室。側壁は、やや大型の自然石と細長い結晶片石を組み合わせて積み上げられている（写真：観光ぐんま写真館）

また、伊勢塚古墳（藤岡市）では、大小の石をモザイク状に組み合わせた模様積石室が、当時の美意識と高度な技術力を伝える。

古墳が多いだけに、群馬では出土した副葬品も豊かだ。特に、古墳時代初期の豪族にとって最上ランクの副葬品といわれる三角縁神獣鏡は、東日本で出土した17枚のうち、12枚が群馬で出土している。観音山古墳や観音塚古墳（ともに高崎市）からは、銅鋺や銀装の大刀、金銅装の馬具など、中国大陸や朝鮮半島とのかかわりを示す豪華な副葬品が多く発見されている。

古墳時代の群馬では2度にわたる榛名山の噴火によって、火山噴出物に埋もれた集落も多かった。金井東裏遺跡（渋川市）では豊富な鉄製品のほか、火山灰の中から、小札甲**を着用した40代男性の人骨が見つかり、考古学上の重要な発見といわれた。同じく渋川市の黒井峯遺跡は、多い場所で2mも降り積もった軽石の下から、建物の壁や崩れかけた屋根、垣根などが立ったままの状態で発見された。こうした"日本のポンペイ"と呼ばれる遺跡が多いのも、群馬の特徴だ。

◀金井東裏遺跡で発見された「甲を着た古墳人」。甲が当時の最新型であることから、地域のリーダーのような存在だったと考えられている（写真：群馬県）

▶4世紀の蟹沢古墳（高崎市）から出土した三角縁神獣鏡。銘文に記された年号から魏と倭国のやり取りがうかがえ、女王卑弥呼の時代を考える上で最重要資料とされる（写真：国立文化財機構所蔵品統合検索システム）

* 小さな長方形の鉄板を紐でつなぎ合わせた甲で、挂甲とも呼ばれる。
** 古墳時代中期まで使用されていた短甲（板甲）に代わり、中期後半以降に主流となった

国宝・重文が続々と！
日本一の埴輪大国
群馬県出土の埴輪いろいろ

高崎市の「かみつけの里博物館」では県内出土の埴輪が多く展示されている（写真：観光ぐんま写真館）▲

古墳を守る役割を担ったさまざまな形状の埴輪

　古墳時代のアイテムとして欠かすことができないものの一つに、埴輪がある。群馬県は「埴輪大国」と称されるほど多くの埴輪が発見されており、県内からは、国宝や国の重要文化財に指定された埴輪のおよそ4割が出土している。埴輪として初めて国宝に指定された、東京国立博物館所蔵の「挂甲の武人」は特に有名だ。近年では2020年、観音山古墳（高崎市）から出土した18点の埴輪を含む副葬品全3346点が国宝に指定された。

　古墳の墳丘上や周囲に並べられる埴輪は、円筒埴輪と形象埴輪の2種類に大別される。

　最初に登場したのは筒状のシンプルな円筒埴輪で、弥生時代末期の墓前に供えた壺や器台を起源とするといわれる。古墳の周りを囲むように並べることで聖域を守るほか、被葬者の生前の活躍や財力の誇示、墳土の流出抑制といった役割を果たしたようだ。

　4世紀頃には、家形埴輪や器財埴輪が登場する。家形埴輪には、死者の霊が生活するための家や、死者の生前の居館を表現したなどの説がある。器財埴輪には甲冑や大刀、靫などの武具のほか、王の帽子や、従者が持つ翳＊などを表したものがある。いずれも王の権威を示し、邪悪な存在から神聖な古墳を守るためのものだったと考えられている。

　そして、5世紀頃に作られるようになったのが、動物埴輪や人物埴輪だ。動物では馬や犬、猪、人物では王や巫女、武人、農夫、力士など種類は多彩だが、基本的には単体ではなく、儀式や行列などを表現する群像の一体として作られたようだ。高崎市の観音山古墳や八幡塚古墳では、王位継承の儀式と思われるようなシーンなどが埴輪のレプリカで再現している。

◀八幡塚古墳では、50体以上の埴輪で儀式や猪狩り、財物の誇示などの場面が再現されている

＊ 儀式や行列の際に、従者が貴人にかざす長柄のついた団扇形の用具。本来の翳の団扇部分は羽毛や薄絹などで作られていた

埴輪の一大産地として
ブランドを確立!?

　畿内での埴輪製作は6世紀には衰退したが、群馬では6世紀後半まで製作が続けられた。現在の藤岡市と太田市には埴輪作りの大きな拠点があったと考えられており、専門の工人たちによる大量生産が行われていた。そのためか、群馬県内で出土した埴輪は全国的に見ても完成度が高いとされ、特に、精巧な形象埴輪には藤岡産が多いという。おそらく、ブランド商品のようなものだったのだろう。

　群馬県には、出土した動物埴輪のうちの90%以上を馬形埴輪が占めるという大きな特徴もある。その数　　　　は450例以上といわれ、全国的に見ても圧倒的に数が多い。当時の群馬地域は、全国屈指の馬の生産地域だったことが大きく影響している。当時の馬は移動や運搬手段、情報伝達や農耕の労働力として、大変重要で貴重なものだった。また、古墳時代の各地の首長にとって、馬は財力や富をアピールするための恰好の動物だった。こうした理由から、数多くの馬形埴輪が作られ、並べられたのであろう。

　古墳時代には文献史料がほとんど存在しないため、埴輪は、当時の風俗の詳細を知ることのできる存在だ。人々の服装や髪型、化粧や装身具、思想や儀式、さらには建築様式までも教えてくれる重要な資料なのだ。

▼家形埴輪には住居だけではなく、高床倉庫や納屋などを表したものもある（写真：国立文化財機構所蔵品統合検索システム）

▲馬形埴輪には馬具を装着したものも多く、出土した馬具の使用方法を知ることができる（写真：国立文化財機構所蔵品統合検索システム）

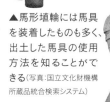

▼靫を表した器財埴輪。靫は矢を収納して背負い、持ち運ぶための容器（写真：国立文化財機構所蔵品統合検索システム）

▲彩色された埴輪からは、男性もメイクをしていたことがわかった。主に儀式の際にしていたようだ

▲群馬県では、本来はシンプルな円筒埴輪に顔をあしらった珍しいものも出土している

▶全身を甲冑で固め、大刀と弓矢を持った「挂甲の武人」。6世紀の東国の武人の姿を表す重要な埴輪だ（写真：国立文化財機構所蔵品統合検索システム）

▶文化庁が所蔵する、国宝に指定された観音山古墳出土品の一部。一つの台座に3人の巫女が座る造形は日本唯一（写真：群馬県立歴史博物館）

ユネスコの「世界の記憶」！古代の様相を記した3基の石碑「上野三碑」

上野三碑は、それぞれが覆屋の中に保存されている。写真は多胡碑▲

大陸から伝わった石碑を建てる文化

群馬県内でかつて大型前方後円墳を築いた豪族たちは、朝鮮半島の最先端技術を取り入れて水稲耕作における生産力を高めるため、渡来人を招聘した。渡来人は馬の飼育や鉄器生産、窯業、漢字など、多くの技術や文化をもたらした。その一つが石碑の建立だ。当時の日本には石碑をつくる文化がなく、国内に現存する、紀元前から11世紀末までの石碑はわずか18例。高崎市には、飛鳥時代から奈良時代にかけて建立された3基の石碑が集中して残り、「上野三碑」と呼ばれている。

上野三碑は、「山上碑」「多胡碑」「金井沢碑」からなる。天武天皇10年（681）に建て

▲山上碑には7世紀に築造された直径15mの山上古墳が隣接し、長利の母・黒売刀自の墓所と推定されている

られた山上碑は、完全な形で現存する国内最古の石碑だ。放光寺の僧である長利が、母の黒売刀自を供養するために建てたと考えられている。碑文に記された漢字は日本語の語順で読むことができ、漢字文化が日本に根付いていく様子を知ることができる。

海外との交流を伝える世界的に貴重な史料

多胡碑は上野国に多胡郡が設置されたことを記念し、和銅4年（711）に建てられたもので、諸国を管轄した弁官局の命令が記されている。「羊」という名の人物が建てたとされ、文末に藤原不比等ら朝廷の高官の名が記されているのは、自身の権威付けのためと思われる。江戸時代には、多胡碑の拓本が朝鮮通信使を通じて中国（清）に伝えられ、明治時代には逆に中国の書家によって日本に紹介された。東アジアの文化交流の様子を示す重要史料である。栃木県の那須国造碑、宮城県の多賀城碑と並ぶ「日本三古碑」の一つに数えられ、戦後、進駐軍による接収から逃れるため、当時の人々が桑畑に埋めて隠したというエピソードが伝えられている。

金井沢碑は三家氏を名乗る豪族が、神亀3年（726）に先祖の供養と一族の繁栄を祈って

＊重要な文書や書籍、絵画・音楽など、歴史的記録物の保存への意識を高めるとともに、利用を促進するため平成4年（1992）に開始されたユネスコの事業の総称

建てたもの。三家氏は、朝廷の直轄地だった佐野三家（屯倉）を管理していた豪族の子孫。三家子□（欠字）という人物が建てた碑文には9人の名前があり、女性が結婚後も実家の氏の名で呼ばれていること、子どもたちとともに実家の祖先祭祀に参加していることがわかる。また、地名の表記から行政制度の実態などを知ることもできる。「群馬」の文字が記された県内最古の史料でもあり、群馬県のルーツを探るうえでも貴重だ。

上野三碑は建立の目的や碑文の内容がそれぞれ異なる。ただ文字数は少ないにもかかわらず読み取れる情報量は多い。これらの碑からは、律令国家が形づくられようとしていた当時、政治の中心地である畿内から離れた東国の人々が、多くの渡来人を受け入れて共存し、先進の技術や文化を学んだ事実を理解することができる。2017年、上野三碑は世界的に重要な記録物であるとして、ユネスコの「世界の記憶*」に登録された。

上野三碑の位置関係と碑文の内容

▲高さ110cm、幅70cm、厚さ65cm。碑文は縦書き9行で112字が刻まれている

祖先と父母のため、上野国群馬郡下賛郷高田里に住む三家子□の発願で、主婦の他田君目頬刀自、子の加那刀自、孫の物部君午足、妹の那刀自、その妹の若那刀自の6人、また、三家毛人、弟の知万呂、鍛冶師の礒部君身麻呂の3人が、仏の教えにより一族の繁栄をお祈りする石文。726年2月29日。

▲高さ129cm（碑身）、幅69cm、厚さ62cm。碑文は縦書き6行で80字が刻まれている

朝廷の弁官局から命令があった。上野国片岡郡・緑野郡・甘良郡の3郡から300戸を分けて新たに郡をつくり、羊に支配を任せる。郡の名は多胡郡とせよ。711年3月9日に命令が伝えられた。左中弁・正五位下多治比真人による宣旨。太政官・二品穂積親王、左太臣・正二位石上尊、右太臣・正二位藤原尊。

▲高さ111cm、幅47cm、厚さ52cm。碑文は縦書き4行で53字が刻まれている

681年10月3日に記す。ヤマト政権の支配地である佐野三家（屯倉）を管理していた健守命の子孫の黒売刀自、この人が新川臣の子の斯多々弥足尼の子孫である大児臣に嫁いで生まれた子である僧の長利が、母のために記した文。放光寺の僧。

全国に先駆けて建立された
壮大な七重塔がそびえる
上野国分寺
こう　ずけ　こく　ぶん　じ

上野国分寺跡内にあるガイダンス施設の上野国分寺館。
出土品や七重塔の模型などを展示する▲

仏教で国を守る
壮大なプロジェクト

　律令制度に基づく中央集権政治が行われ、平城京を中心に華やかな天平文化が花開いた奈良時代。一方でこの時代は、社会不安の絶えない時期でもあった。天平2年(730)頃から天候不順による飢饉や病気の蔓延、盗賊の横行などが頻発。天平9年には天然痘の大流行で多くの政府高官が病死し、天平12年には藤原広嗣の乱*が起こった。

　そこで聖武天皇は仏教による鎮護国家を願い、天平13年に国分寺**建立の詔を諸国に発した。各地に伽藍を造営することに加え、多数の仏像や経典、僧を揃えるなど、巨費を投じた大プロジェクトだった。当時の国の数は68だが、多くの国では大寺院の造営は前代未聞の大工事。敷地探しに始まり、人員や素材の確保など、それぞれの国が多くの難題に直面した。各地で工事が順調に進まないことを、国の長官である国司の怠慢とみなした政府は、天平19年にも詔を発出。寺院造営の実施主体を地元の有力豪族に任せて構わないとし、3年以内に最低限の伽藍を造るよう急がせた。

　この時、全国でいち早く主要な堂塔を完成させた国の一つが、上野国だった。地域の豪族たちの尽力もあって、天平感宝元年(749)頃には、上野国分寺の塔や金堂、僧房が完成したと推定されている。

▲講堂の基壇上に残る礎石。当初は金堂だと思われていたが、その後、別の場所に金堂跡が発見され、講堂跡と判明した

◀上野国分寺の推定復元図。国分寺は良い場所である「好処」に建てるように命じられたため、上野国分寺は榛名山南東、南側を染谷川が流れる台地上に建立された (写真：群馬県)

*中央から大宰府への左遷に不満を持った藤原広嗣が朝廷に反旗を翻し、北九州で起こした反乱。平定はされたものの、天然痘流行とともに国分寺造営の直接の契機となった

▶20分の1サイズで
作られた七重塔の
模型。実物は、現
在の前橋市役所と
ほぼ同じ高さだった

上野国分寺と上野国府の位置

上野国分尼寺跡
上野国府跡推定地
上野国分僧寺跡
前橋市
高崎市
新前橋駅
前橋IC

尼寺は、僧寺から約500m東に造られた。国府は古代上
野国の政治の中枢だった役所

高さ60.5mの塔がそびえ「国の華」と称えられた

　上野国分寺は、現在の高崎市東国分町と前橋市との境付近に、僧寺と尼寺が東西に並ぶように造られた。僧寺は東西約220m、南北約235mの広さで、周囲は東西南北に大門を配した土塀の築垣で囲まれていた。伽藍中央には本尊の釈迦如来像を安置する金堂、その西南には高さが60.5mもある七重塔がそびえていた。そのほか講堂や食堂、経蔵、鐘楼、僧坊などの建物があり、地方の寺院の中では飛び抜けて巨大な規模だったことから、「国の華」と称えられたといわれている。上野国分寺が全国に先駆けて造営されたのは、古墳時代以来、朝廷における東国の重要拠点だった上野国には、有力豪族や、多彩な文化や技術を伝えた渡来人がおり、仏教信仰が広がっていたことが、その一因だといわれている。尼寺でも、七重塔こそ建設されなかったものの、僧寺と同程度の建物が造られた。

　しかし、国が財政難に陥る10世紀以降、各地の国分寺は荒廃。国分寺に関する資料は全国的に少ないが、上野国分寺では『続日本紀』に創建時期、長元3年（1030）に作成された「上野国交替実録帳」に衰退時期の記録

が見られる。そこには、塔や金堂などの伽藍中心部は残っているものの、築垣や門などは失われたとある。その後、14世紀までには、ほかの建物も失われたようだ。しかし、跡地の保存状態が良好だったため、発掘調査で瓦など多くの出土品が見つかったほか、修理も適宜行われたとみられ、主要堂塔は約280年にわたって維持されたことが判明した。

　なお、僧寺よりも規模の小さかった尼寺でも、金堂や講堂、中門の遺構が発掘調査で確認された。現在はすべて埋め戻され、小さな碑が立つのみである。

▲築垣は、創建当時の工法と同じく、棒で突き固めた土を積み上げる版築で復元されている

＊＊僧寺と尼寺とがあり、通常は僧寺（金光明四天王護国之寺）を指すが、広義には国分尼寺（法華滅罪之寺）をも含める　

理科

社会・歴史

国語

美術・家庭科・体育

算数

神のお告げで"新たな天皇"に！
上野国府で即位し
関東の独立を目指した平将門（たいらのまさかど）

八幡大菩薩の託宣で "新皇"を自称

　平安時代の中期に起こり、貴族社会を大きく揺るがした「承平・天慶の乱（じょうへい・てんぎょう）」は、東国での平将門の乱と、西国での藤原純友の乱（ふじわらのすみとも）* を指す。このうち、平氏一族の争いから発展した平将門の乱では、そのハイライトとでもいうべき出来事が、群馬県で起こっている。この地で、将門は天皇になったのだ。

　桓武天皇の血を引く将門は、青年時代は京へ上っていたが、父の他界に伴い本拠地の下総国に帰郷。承平5年（935）以降、所領や女性問題などを巡って一族と争いを繰り返し、伯父の平国香（くにか）らを討つなどして武名を轟かせ、

関東武士の信奉を集めるようになった。

　天慶2年（939）、常陸国の豪族の藤原玄明（はるあき）が国司の藤原維幾（これちか）と対立し、将門の元に身を寄せた。将門は玄明の引き渡しを求められたため、交渉のために常陸国府に赴くと、いきなり国府軍の攻撃を受けた。そこで将門は維幾と争い、役所である常陸国府を占拠。これは朝廷に背く前代未聞の行為であり、この時を境に将門は朝敵となった。その後、将門は、東国をすべて手中に収めることを進言する側近の言葉に従い、下野国府、さらには上野国府をも占領した。

　将門の乱を記した『将門記（しょうもんき）』によると、将門は上野国府での祝宴中、一人の巫女から八幡大菩薩の託宣を伝えられたとされる。そ

歌川芳虎（うたがわよしとら）『平親王（へいしんのう）相馬将門（そうまのまさかど）』

将門には下総国相馬郡に都を建設し、平親王と名乗ったという。左の絵は、相馬の内裏で将門が雁を睨み、雁を落としている場面。飛ぶ鳥を落とす勢いを示したものと思われる

（写真：東京都立図書館）

* 伊予国（愛媛県）の国司だった藤原純友が任期終了後に土着し、瀬戸内海西部の海賊集団を配下に置き、日振島（ひぶりしま）を拠点に起こした反乱。天慶4年に鎮圧された

▼『将門記』は、将門の乱の経緯を漢文で記した軍記物。将門の軍事行動に加わった者の記録をもとに、乱の後、間もなく成立したとされる（写真：国立公文書館）

の内容は、将門に天皇の位を授けるというものだった。この託宣により、将門は自らを、新しい天皇を意味する「新皇」と称して即位。側近を関東各地の国司に任命した。いわば、朝廷の支配から外れ、坂東八カ国を支配下に置く独立政権が樹立されたのである。

武家政権の誕生を導いた平将門の乱

　ちょうど同時期、瀬戸内海で藤原純友の乱が起こったこともあり、京都の貴族政権は震え上がった。天慶3年、朝廷は国香の子である平貞盛と、下野国の押領使＊＊・藤原秀郷（俵藤太）に将門追討を命じた。貞盛・秀郷の連合軍と将門は、現在の茨城県坂東市付近で戦い、一時は将門軍が有利に戦を進めるも、次第に形成が逆転し、将門は敵の矢によって討ち死にした。新皇を自称してから約2カ月後のことだった。

　平将門の乱は、独立国家を樹立するという、日本史の中で例をみない反乱だった。その背景には、朝廷の重税に苦しむ関東人からの期待に応える意図もあったという。しかし、将門が書状の中で、時の天皇である朱雀天皇を「本皇」や「本天皇」と記していること、それまでの慣例に従った国司の任命を行っていること、独自の元号を設けていないことなどから、朝廷に対抗する気はなく、あくまでも天皇の国家の中での坂東の独立を目指したとする説が、現在では一般的なようだ。

　将門が樹立した独立国家は短命に終わったが、朝廷の権力に反抗した将門は東国の人々によって英雄として称えられた。そして、将門の乱は武士勢力が台頭する契機となり、約250年後の鎌倉幕府の成立により、初めての武家政権が誕生することになる。

▲将門が占拠した上野国府は、高崎市の国分寺跡と前橋市元総社町付近にあったとされ、元総社町にある上野総社神社は、上野国府跡比定地の一つ

▲前橋市三夜沢町の赤城神社境内の「たわら杉」。将門を討つために上野国府に向かう藤原秀郷が神社を訪れ、献木したとの伝承がある

狩りのお供をして 源頼朝と主従関係を結んだ 鎌倉時代の上野武士

頼朝の上野支配を支えた安達盛長。
『集古十種』より▲
（写真：国立国会図書館）

頼朝の権勢を見せつけた 大規模な狩り

　治承4年（1180）に伊豆で挙兵した源頼朝は、その後、南関東を中心に多くの武士を味方につけた。その頃の上野国では、平将門の乱を平定した藤原秀郷の子孫である藤姓足利氏が各地に散り、有力な武士団となっていた。また、武家の棟梁として名を馳せた源義家の孫・義重に始まる新田氏も、荘園開発を成功させ、大きな力を持っていた。さらに、頼朝と同じく挙兵した木曾義仲も、信濃国から上野国に進出。しかし、頼朝の前に藤姓足利氏は滅ぼされ、新田氏は頼朝の軍門に下り、義仲は上野から撤退したため、頼朝の権力は上野にまで及び始め、文治5年（1189）の奥州平定や、建久元年（1190）の上洛の際には、頼朝に従う上野武士も多かった。

　この頃、頼朝は上野国を含む関東各地で狩りを行っているが、建久4年の巻狩り＊は、特に大規模なことで知られる。後白河法皇の一周忌法要が終わるのを待って、多数の御家人を率いて鎌倉を発った頼朝は、三原野（吾妻郡。当時は信濃国）、赤城山麓、那須野（栃木県）、富士野（静岡県）で立て続けに狩りを行った。狩猟は遊興であると同時に軍事演習であり、征夷大将軍の権威を誇示する一大イベントでもあった。頼朝がこれらの地域に狩りに出向いたことは、幕府公式の歴史書である『吾妻鏡』や、軍記物語の『妙本寺本曾我物語』などに見られる。しかし、『吾妻鏡』には三原野での狩りの記述がなく、ルートや

◀建久4年の狩りは、北条義時や和田義盛、佐々木盛綱、梶原景季ら22名の御家人をはじめ、総勢1万余騎の大軍団で行われたといわれる。左の絵は富士の裾野での狩りの様子を描いたもの
（写真：東京都立図書館）

『蒙古襲来絵巻』（模本）

安達泰盛は、御家人の恩賞を司る恩沢奉行でもあった。左は、文永11年（1274）の「文永の役」で活躍し、鎌倉の安達泰盛邸を訪れた肥後国の御家人・竹崎季長に、泰盛が黒栗毛の馬を与える場面

（写真：国立国会図書館）

実施には諸説ある。だが、狩りをしながら関東外周部の要所を回ったのは事実のようだ。東国武士の軍事力や街道の整備状況などを含めた北関東情勢の視察、反頼朝勢力の封じ込めなどの意図があったのだろう。

狩りでは関東や東海の武士も警護に駆り出され、上野でも多数の武士が昼夜の番に当たった。そうしたこともあって、上野国のほとんどの武士団は、御家人として頼朝との主従関係を確立していった。

鎌倉幕府を支えた上野守護の安達氏

頼朝の上野国支配において武士たちを組織し、鎌倉幕府体制を浸透させる重要な役割を担ったのが、安達盛長だ。盛長は頼朝挙兵以来の御家人で、常に頼朝に寄り添った側近である。盛長は元暦元年（1184）の頃から上野国奉行人（守護）となり、安達氏は盛長、景盛、義景、泰盛と4代にわたって上野国の守護を継承。後には執権北条氏の外戚として幕府内で重きをなした。特に泰盛は、蒙古襲来で疲弊したうえ恩賞も与えられなかった御家人たちを救済する改革を次々に打ち出した。しかし、これが当時の幕府で専制権力をふるっていた北条得宗家**の実権を奪うことになり、得宗家の家人である御内人と対立。弘安8年（1285）に起こった霜月騒動で、一族・縁者とともに討たれた。その後、上野国の守護は幕府滅亡時まで北条得宗家が務め、そのもとで、上野武士団は御家人として幕府に仕えることになったのである。

▲佐波郡玉村町の玉村八幡宮は、頼朝が上野奉行の安達盛長をして、鎌倉の鶴岡八幡宮から勧請して創建させた神社。本殿は国の重要文化財

▲草津温泉の開湯については諸説あるが、『吾妻鏡』には、建久4年の狩りの際に頼朝が偶然源泉を発見し、入湯したと記されている

**　鎌倉幕府の執権職を占めた、北条氏の家督を継承する本家。2代執権北条義時の法名に由来するといわれ、鎌倉後期には執権職の有無にかかわらず得宗が専制権力をふるった

鎌倉幕府を倒し
後醍醐天皇に忠義を尽くした
群馬の英雄、新田義貞

東武伊勢崎線太田駅北口に
立つ新田義貞像▲

生まれ故郷を出立し
わずか半月で倒幕を実現

　上野国の一御家人から20万の軍を率いる指揮官となり、鎌倉時代末期の乱世を駆け抜けたのが、新田義貞だ。新田荘（太田市）生まれの義貞は、父の跡を継ぎ、文保2年（1318）頃に新田氏本宗家の8代目棟梁となった。元弘元年（1331）年に始まる元弘の乱*では、当初は幕府側の一員として出陣したが、途中で帰国。『太平記』では、後醍醐天皇の皇子・護良親王から鎌倉幕府打倒の令旨（命令）を受け取ったため、仮病と称して帰国したとある。もともと新田氏は北条氏から冷遇されていたこともあって、この出陣は義貞の本意ではなかったといわれる。

　義貞が倒幕側に回った直接の契機は、元弘3年の出来事だとされる。この年、戦費調達のために幕府から2名の徴集使が新田荘に派遣されてきた。しかし義貞は法外な徴収と徴収使の態度に激怒し、一人を斬り、一人を捕縛。これに対し、幕府は義貞討伐と領地没収を通告。そこで義貞は機先を制し、5月8日に荘内の生品神社で挙兵したという。

　挙兵後の義貞は鎌倉街道を南下し、小手指ヶ原の戦い（埼玉県所沢市）、久米川の戦い（東京都東村山市）、分倍河原の戦い（東京都府中市）などで幕府軍を撃破。出陣当初は150騎程度だったが、途中で北条氏に不満を持つ者が続々と加わり、鎌倉に総攻

▲太田市にある新田荘歴史資料館では、東毛地域の歴史資料のほか、新田荘や新田氏に関する資料を見ることができる。資料館前には義貞像が立つ

▲義貞が鎌倉攻めの際に旗揚げをした場所とされる、太田市の生品神社。境内に社殿のほか旗挙塚や床机塚、義貞像などがある

◀太田市の金山城跡。本丸跡と伝わる山頂には、義貞を祭神とする新田神社が立ち、初志貫徹の神として人気を集める

撃をかける頃には20万人の軍勢になっていたという。5月21日未明、稲村ヶ崎から海岸伝いに由比ヶ浜へと抜けた義貞は、翌日、一気に鎌倉市内に突入。得宗の北条高時一族を自害せしめ、出陣から半月もたたないうちに幕府を倒し、建武の新政の立役者となった。

愚直なまでに
後醍醐天皇を信じた生涯

　鎌倉幕府討伐で大きな功績をあげたもう一人が、義貞に先立って京都の六波羅探題を攻略した足利尊氏だ。しかし、後醍醐天皇による新政が始まると、関東へ下った尊氏が後醍醐天皇に反旗を翻した。

　後醍醐天皇から官軍総大将に任命された義貞は、箱根、播磨、湊川、京都などで足利勢と戦った。しかし、湊川の戦いで楠木正成を失った後醍醐天皇は比叡山に籠もり、義貞に告げずに尊氏と和睦。行き場を失い、詰問する義貞に、天皇は和睦は見せかけだと諭し、北陸へ落ち延びて再起を図るよう義貞を促した。そこで、義貞は親王らを擁して越前(福井県)に下向。金ヶ崎城(敦賀市)に入り、各地に尊氏打倒を呼びかけた。しかし兵は思うように集まらず、延元3年(1338)、城内の食料が底をつき陥落した。

　義貞はその後も足利勢を相手に奮戦する

が、越前国藤島(福井市)で交戦中、退却を進言する家臣に対し、自分だけが助かるのは不本意と拒否。その後、落馬から立ち上がろうとした際に、眉間を矢で射抜かれ戦死。『太平記』には、観念して自ら首を搔き切ったという壮絶な最期が記されている。新田荘での挙兵後は一度も上野に戻ることはなく、後醍醐天皇を奉じ続け、転戦を重ねた生涯だった。

　京に送られた義貞の首は獄門に掛けられ、その後長い間、新田氏は朝敵や逆賊とされた。義貞が朝廷に尽くした忠臣や英雄と呼ばれるようになったのは、明治維新の頃。その死から500年以上が経っていた。

▲『太平記』では、稲村ヶ崎を突破する際、義貞が龍神や八部衆に祈りを捧げて黄金の太刀を海中に投じると、潮が引いたという伝承が記されている。月岡芳年作『月百姿』にも、その様子が描かれている(写真：東京都立図書館)

群馬の戦国期を支えた
堅牢の誉れ高い2つの城
金山城と岩櫃城

金山城跡では、城の遺構が
屋外模型で展示されている▲

群馬随一の鉄壁さ
難攻不落の金山城

　戦国時代に織田氏をはじめ、越後上杉氏、甲斐武田氏、小田原北条氏などの名だたる大名が抗争を繰り広げた上野国では、難攻不落とうたわれた山城が多い。特に名高いのが、太田市の金山城だ。標高239mの金山全体の地形を利用した山城である。文明元年（1469）、新田一族である岩松氏によって築城され、その後、重臣の横瀬氏（後の由良氏）が下剋上で城主となった。

　金山城は、山頂の実城から延びる尾根を中心に、北に北城、西に西城、南に八王子山ノ砦の各曲輪が設けられ、大小の堀切で分

▲金山城の一大防御拠点だった大手虎口は、実城へ至る通路を守るためのもの。通路は石畳で、両側に曲輪の石垣が連なる

断されていた。山麓には城主や家臣団の館があったと考えられ、ちょっとした城下（根小屋）も形成されていたようだ。

　南に利根川が流れる関東平野、北に渡良瀬川が流れ、東山道も近い立地から、多くの戦国大名が戦略拠点としてこの城を望んだ。攻められた回数は十数回にのぼるが、城の中枢部まで攻め込まれたことはなく、まさに難攻不落の堅牢さを誇った。

▲金山山頂付近に設けられた直径約16mの日ノ池。雨乞いや戦勝を祝う儀式の場だったと考えられている

◀史跡金山城跡ガイダンス施設では城の歴史を知ることができる。建物は日本を代表する建築家の一人、隈研吾の設計

▼奇岩や怪石からなる切り立った山容で有名な岩櫃山。真田氏の人気とあいまって、城跡見学と登山を兼ねる人も多い

▼岩櫃城の本丸は標高593mの地点に設けられた。東西約140m、南北約35mの主郭を中心とし、県内の中世城館でも最大規模だった

しかし天正12年（1584）、城主の由良国繁が北条氏に捕われの身となり、その帰還を条件に開城。以後、北条氏の所有となり、天正18年の豊臣秀吉の小田原平定で北条氏が滅亡するとともに廃城となった。

真田信繁も過ごした
県下最大規模の岩櫃城

群馬県の戦国期の名城としては、上州最大規模といわれる東吾妻町の岩櫃城も堅牢さで名高い。ルーツは鎌倉時代と伝わるが、築城の詳細は不明。永禄6年（1563）、武田氏家臣の真田幸隆（幸綱）が上杉氏配下の斎藤氏から奪取して以後、真田氏の所有となった。

岩櫃城は、奇観で知られる標高802mの岩櫃山の東面中腹に築かれ、山頂から約200m下に本丸・二の丸・中城、周辺に広範囲にわたって竪堀や曲輪が設けられた。幸隆の三男・昌幸の時代に整えられたと考えられ、久能山城（静岡県）、岩殿城（山梨県）とともに「武田の三堅城」といわれた。後に、昌幸の次男・信繁（幸村）は、大坂の陣で大坂城に「真田丸*」を築き敵を翻弄するが、岩櫃城はその原型となったという説もある。

岩櫃城は、武田勝頼の命により上野侵攻を進める昌幸にとって重要拠点だった。織田・徳川連合軍の甲州侵攻によって勝頼が窮地に追い込まれた際、昌幸は勝頼を岩櫃城に迎え、武田氏の巻き返しを図ろうとしたとされ、岩櫃山南面に勝頼の御殿も造成したといわれる。しかし、勝頼は譜代重臣の小山田信茂の勧めで岩殿城へ赴き、信茂に裏切られ、天目山で自害。武田氏は滅亡した。

岩櫃城は、北条氏滅亡後の豊臣政権下では、昌幸の長男・信之（信幸）の管理下で沼田城（沼田市）の支城の役目を果たしたが、江戸時代の一国一城令で破却された。

▲昌幸が勝頼のために築いた御殿は3日間で建てられたといわれる。かつて寺院の潜龍院があったことから潜龍院跡とも呼ばれる

*大坂城で守りが手薄だった南の総堀の外に、突き出すように築造した半円形の出城。南北221m、東西142mの規模で、空堀や水堀、櫓や狭間などが設けられた。

戦国時代の関東最大の野戦
「神流川の戦い」が
秀吉の天下統一を導いた？

神流川の戦場付近を
通る国道17号線の
旧神流川橋▶

信長の死が契機となった
滝川軍VS北条軍の戦い

　天正10年（1582）、上野国と武蔵国の国境付近で、大規模な合戦が行われた。戦国時代を通じて関東最大の野戦といわれる「神流川の戦い」である。

　当時、上野国は甲斐の武田氏、武蔵国は小田原の北条氏が治めていたが、天正10年3月、勝頼を当主とする武田氏は、織田信長の大軍に攻め寄せられ、「天目山の戦い」で敗れて滅亡した。勝頼を討ち取ったのは滝川一益。明智光秀、柴田勝家、丹羽長秀とともに"織田四天王"の一人に数えられ、多くの戦で数々の武勲をあげた名将だ。これにより一益は、

信長から旧武田領の上野一国と信濃二郡を与えられて厩橋城（後の前橋城）城主となり、「関東八州御警固」と「東国の儀御取次」も務めることになった。これは室町幕府における関東管領のようなもので、信長の関東支配を代行する大役だった。信長の一益に対する信任の厚さがわかる。

　ところが、その直後に起こった「本能寺の変」で信長は横死。かねて上野国を狙っていた北条氏はこれを絶好の機会ととらえ、上野国はもちろん甲斐国や信濃国支配も見据え、一気に領土拡大を図ろうとした。主君の仇討ちのために上京しようとする一益に対し、北条氏の当主・氏政は、協調関係を維持する旨の書状を送った。その裏で、氏政は子の氏直、

▲4世紀に造られたといわれる佐波郡玉村町の軍配山古墳。神流川の戦いで一益が陣を敷いたと伝わる

▲神流川橋の西詰には「神流川古戦場跡碑」が設置されている（現在は仮移設中）

◀江戸時代の『太平記英勇伝』に描かれた滝川一益。鉄砲の名手であり、水軍の将としても活躍した。近江甲賀郡出身の忍者だとの噂もあった（写真：東京都立図書館）

▼厩橋城（前橋城）の土塁跡。一益は伊勢に落ち延びる際、厩橋城で臣下たちと別れの宴を催したという

弟の氏邦に上野国奪取を命令。自らも出陣し、5万6千といわれる大軍勢で上野国侵攻を開始した。

一方、上野国を治め始めたばかりの一益は、迎撃態勢を整えようにも思うように統制が取れず、しかも兵力は2万人にも満たなかった。そして、本能寺の変から約2週間後、滝川軍と北条軍は、上野・武蔵国境近くを流れる神流川を挟んで、それぞれ流域に陣を敷いた。なお、この時すでに、謀反人の明智光秀は羽柴（豊臣）秀吉に討ち取られていた。

明暗が分かれた 2人の織田家臣

天正10年6月18日の朝から始まった緒戦では、北条方が敗北した。しかし、翌日の未明には形勢が一気に逆転。圧倒的な兵力の差により、滝川軍は北条軍に完膚なきまでに叩かれ、一益はなんとか居城の厩橋城に退却した。その後、一益は上野国の防衛は無理だと判断し、わずかな供を従えて本拠地の伊勢へと落ち延びた。神流川での戦いの敗戦で、織田家は上野、甲斐、信濃を失うことになり、

上野国は北条氏の支配下となった。

一益が伊勢に向かっている途中、尾張国の清須城に織田家の重臣が集まり、信長の後継者問題と領地の再配分を決める「清須会議」が行われた。織田四天王の柴田勝家、丹羽長秀も参加したが、参加できなかった*一益は、関東を失ったこともあって、織田家中における地位を大きく下げることになった。

対して、織田家臣のなかで株を上げたのが秀吉だった。通説では、清須会議では主君の仇を討った秀吉の発言力が強く、信長の後継者は秀吉が推す、信長の孫の三法師（秀信）に決まり、もっとも多い領地を得たのも秀吉だった。こうして、秀吉は天下統一への一歩を大きく踏み出すことになるのである。

▲高崎市の首塚八幡宮。戦に勝利した北条氏が、討死した武士の首を検視し埋葬した場所と伝わる

---

*一益が清洲会議に参加できなかったのは、会議に間に合わなかった、そもそも呼ばれていなかったなど諸説ある

小田原征伐のきっかけとなり 豊臣秀吉の天下取りに寄与した 名胡桃城を巡る事件

秀吉を激怒させた
北条氏のルール違反

　天正18年(1590)、豊臣秀吉は小田原の北条氏を滅ぼして天下統一を成し遂げた。この小田原平定の原因となった出来事が、群馬県で起こった「名胡桃城事件」である。

　名胡桃城(みなかみ町)は利根川と赤谷川の合流付近の要害に築かれた山城で、室町時代に名胡桃氏が築いた館がルーツとされる。天正7年、武田氏家臣の真田昌幸が、主君・武田勝頼の命によりこの館を攻略。その後、北関東の要衝である沼田領攻略の前線基地とするため、居館を大改修して名胡桃城を築いた。これ以前から、沼田城を中心とする沼田領は、上杉氏、武田氏、北条氏による争奪戦の舞台

だった。最初、沼田城は北条氏の支配下にあったが、昌幸は名胡桃城を拠点にして沼田城を攻略し、沼田領を奪取。その後も、真田氏と北条氏の間では、沼田領を巡る攻防が続けられた。

　この頃、四国と九州を平定した秀吉は、関東や奥羽に大名間の私闘を禁じる惣無事令を発し、天下統一事業を進めていた。その大きな障害となっていたのが、小田原の北条氏だ。上洛を求める秀吉に対し、北条氏は交換条件として、沼田領の明け渡しを要求。そこで秀吉は沼田領のうち、沼田城を含む3分の2を北条領、3分の1を真田領とする裁定を下した。ところが、沼田城に入城した北条側の猪俣邦憲が、名胡桃城を独断で奪取したのだ。

　名胡桃城を奪われたのは、城代を務めてい

▲名胡桃城では本郭や二郭などが原型をとどめる。保存整備が行われ、木橋や土塁の復元なども行われている

▲名胡桃城からの眺め。この城は沼田氏、北条氏、上杉氏、武田(真田)氏と目まぐるしく支配者が変わった

た真田氏家臣の鈴木主水重則が北条方の偽の書状で城外へおびき出され、その隙をつかれたためといわれる。これに責任を感じた主水は、腹を切って果てたという逸話が残る。

惣無事令に反するこの行いは秀吉を激怒させ、小田原平定に乗り出す要因となった。北条氏滅亡後、沼田領は真田氏に与えられ、名胡桃城は廃城、真田昌幸の長男・信之（信幸）が沼田城主となった。

城主不在の沼田城を守った
しっかり者の小松姫

沼田城については小松姫のエピソードも有名だ。小松姫は、徳川四天王*の一人といわれた本多忠勝の長女。家康の養女となり、17歳で真田信之に嫁いだ。細やかな愛情の持ち主だった半面、家康にも物怖じしない勝気な女性だったという。

秀吉没後に家康の会津攻めに参加した真田父子は、途中、石田三成挙兵の密書を受け取る。父子は協議を開き、家を存続させるため、昌幸と次男・信繁（幸村）は三成方の西軍、長男の信之は徳川方の東軍へ分かれたとされる。下野国犬伏（栃木県佐野市）で行われたこの協

▲沼田城は江戸時代初期、真田氏の領地没収とともに破却された。現在は本丸と二の丸などが沼田公園として整備されている

▼沼田城跡の本丸跡には真田氏が築いた西櫓台の石垣が見られ、貴重な遺構として城の名残をとどめている

議は「犬伏の別れ」として名高い。

信之と別れた昌幸と信繁は居城の上田城（長野県上田市）へ引き揚げる途中、沼田城へ立ち寄った。孫の顔を見るためとも、信之不在の隙をねらって沼田城を落とそうとしたともいわれるが、定かではない。これに対し、正室として留守を預かる小松姫は武装して現れ、たとえ義父とはいえ信之と袂を分かった以上は敵であるとして、昌幸らの入城を頑なに拒否。実は、昌幸の計略を見抜いていたともいわれている。ただ、あきらめた昌幸らが沼田城近くの寺に入ったところ、小松姫の計らいで侍女が孫を伴って現れ、昌幸を喜ばせたという。政略結婚で信之に嫁いだ小松姫だが、関ヶ原の戦い後に昌幸・信繁の助命に尽くし、昌幸らが九度山に配流された後も、贈り物などをして慰めたといわれる。

▶小松姫は武勇と機知に富む女性だったといわれ、ほかにも数多くの逸話が伝えられている
（写真：大英寺）

* 家康の側近として江戸幕府樹立に功のあった、本多忠勝・酒井忠次・榊原康政・井伊直政の4人。なかでも忠勝は戦国一の猛将といわれるほどだった

中山道に置かれた碓氷関所は、江戸時代、どのように機能していたのか?

2023年6月、群馬県安中市の旧安中高校の敷地で、飛鳥時代の東山道（官道）と推定される遺構が発見された。これまで高崎市や太田市でも見つかっているが、安中市では初めてのことになる。

じつは安中市の碓氷峠には東山道が走り、古代、関所が置かれていたのだ。この峠は上野国（関東地方）と信濃国（中部地方）の境界に位置する大事な場所だったからだ。遅くても関所は、昌泰2年（899）には存在していたことがわかっており、通過するには過書（関所手形）が必要とされていた。平将門の乱が起こった天慶2年（939）にも、中部地方への反乱の拡大を防ぐため、関所が閉ざされ防御が固められている。

その後関所は、鎌倉時代後期（執権・北条貞時の時代）に関長原という場所に移されたが、戦国時代には関所をめぐって武田氏と北条氏の攻防もあった。

江戸時代、東山道は中山道となり、碓氷関所も現在の関所跡がある横川の地に移った。

周知のように江戸幕府は、交通制度を整備するとともに関東地方を中心に街道上に関所を設置した。将軍のお膝元である江戸を防衛するのが第一目的であった。とくに大名の反乱を防ごうという意図から、関所では「入鉄砲出女」を厳しく取り締まった。江戸に入る鉄砲などの武器類、江戸から出ていく女である。武器を大量に運び入れて大名らが謀反

をおこすことを防ぐため、実質的に人質になっている大名の妻女を国元へ逃さないためだ。

主な関所としては、東海道の箱根や新居、中山道の碓氷や木曽福島、甲州道中の小仏、奥州・日光道中の栗橋などがあった。

碓氷関所には東西両門があり、東門は安中藩が管理を命じられていた。対して西門は、幕府が支配をになった。

関所の役人は番頭（定員2名）を筆頭に平番（定員3名）、同心（定員5名）、中間（定員4名）、門番（定員4名）などで構成されていた。トップの番頭は安中藩士がつとめ、1日交替で勤務。それを同じく藩士の平番3名が補佐をした。ただ、実質的に関所を切り盛りしたのは、現地で役人を世襲する同心や門番、近在の領民から雇用された中間だった。

関所を通過する女性の取り調べは厳しく、幕府の留守居役などが発行した関所手形（女手形）を持たない者は決して通過を許さなかった。碓氷関所には二人の改女（門番の妻女）が交代で詰めており、不審な態度を見せた旅の女性については、別室に入れて髪をほどき、時には裸にして調べることもあった。

意外なことだが、碓氷関所では江戸から出ていく女（出女）だけでなく、江戸へ入る女（入女）も厳しく取り締まったのである。関所の通過には、入女が住む地の領主や村役人の交付した手形を必要としたのだ。それは、碓氷関所の近隣に住む女性も例外ではなかった。

研究者の大島延次郎氏は、関所近くの坂本宿の「問屋三郎左衛門の母が病気になり、野田村の医師の治療をうけに行くのに、坂本宿の年寄・問屋の手形で十五日間の通過を許された」（『関所　その歴史と実態』人物往来社）例や「坂本宿の某主婦が、一女とともに伊香保温泉に湯治に行く時には、坂本宿の年寄・問屋の手形で、十日間の期限付きで通過を許された」（前掲書）例を紹介している。

入女の取り締まりは、都会江戸へ女性が流出することで農村人口が減るのを防ぐ狙いがあったとされる。また、江戸の遊廓や岡場所などへの人身売買を検閲するためだったという説もある。

男のほうは関所手形（証文、切手とも）は必須ではなかった。ただ、持っていたほうがスムーズに関所を通過できるので、住んでいる村の名主や旦那寺に書いてもらうことが多かった。驚くことに、関所近くの旅籠や茶屋に関所手形の作成を頼むこともあった。碓氷関所でも、62軒の旅籠と茶屋が碓氷関所から手形の発行権を与えられていた。近年では、こうした利権は、関所の役人が旅籠や茶屋を営む近隣住民と結託した商法だったのではないかと考えられている。

さて、関所破りは、法律で死刑と決まっていた。けれど、訳ありの女性や脛に傷を持つ男の中には、関所破りを企てようとする者がいた。とはいえ、碓氷関所は、峡谷や川がある狭い場所に設けられ、中山道を行く旅人はここを通過せざるを得ない設計になっていた。回り道も可能だったが、それらの道にも簡易な関所があり、通り抜けはできなかった。山林を抜けようとしても、関所周辺は要害地区に設定され、関所の役人が巡回し、村人たちが監視していたのである。

それでも実行した者たちがおり、『碓氷関所事歴』（松井田町教育委員会発行）には、文政3年（1820）11月に越後国高田の妙照寺の祖海が江戸の遊女を身請けして山越えしようとして磔となっている。また、案内した五兵衛は獄死したが、その後、塩漬けにされて碓氷関所に運ばれ、祖海とともにその遺体を磔にされている。享保16年（1731）にも坂本宿の長太郎が女を連れて山越えをしようとして捕まり、処刑されている。

ただ、碓氷関所は250年近くにわたって続いたのに、関所破りの記録はこのほか数例しか存在しない。あまりに少な過ぎるだろう。けれどそれは、木曽福島や箱根、新居の関所も同様なのである。

ちなみに、関所破りが現行犯で捕まることは稀で、たいてい密告により後日に発覚している。どうも、発見して死刑にするのはためらわれたうえ、関所破りを取り逃がしたりすると関所役人や近隣の住人たちの落ち度になるので、旅人の山越えなどは見て見ぬふりをしていたのではないかと考えられている。

なお、昭和35年（1960）碓氷関所の東門が復元されている。

◀碓氷関所跡に復元された東門

文＝河合 敦（かわい・あつし）
歴史作家・歴史研究家。1965年東京都生まれ。早稲田大学大学院修了後、日本史講師として教鞭をとるかたわら、多数の歴史書を執筆。テレビ番組のNHK「歴史探偵」の特別顧問として人気を博す。多摩大学客員教授。

「暴れ川」利根川の氾濫と時代に翻弄された「関東の華」前橋城

県庁北側の土塁上に立つ、
前橋城の歴史が記された石碑▲

水害と修復を繰り返しあえなく廃城へ

奈良時代、上野国分寺（☞P54）はその規模から「国の華」と称えられたが、群馬県には江戸時代にも「関東の華」とうたわれたものがある。厩橋城、後の前橋城である。

厩橋城は15世紀末に長野氏が築いたとされる。戦国時代には越後の上杉謙信の関東進出の拠点となり、その後、武田氏、織田氏、小田原北条氏の手に渡った。そして関ヶ原の戦いの後、徳川家康が入封させたのが酒井重忠だった。重忠は若年の頃から家康に仕え、多くの合戦で武功を挙げた譜代筆頭格の武将。家康は重忠入封にあたり、「汝に関東の華を

とらす」と言ったと伝えられている。

重忠は入城後、3層3重の天守を築くなど厩橋城の大規模な改修を行い、近世城郭としての威容を整えるとともに、城下町の整備も行った。酒井氏は9代148年にわたって城主を務めた。特に4代城主の忠清は大老職に就いて下馬将軍＊と呼ばれるほど、幕府内で権勢をふるった。この忠清の時代に厩橋という地名は前橋に変わり、厩橋城も前橋城と改称。寛延2年（1749）に酒井氏が転封すると、名門の松平氏が前橋城主を引き継いだ。

前橋城は利根川を望む要害に立つが、「坂東太郎」と呼ばれるこの川は、暴れ川として名高い。前橋城は度重なる氾濫や洪水で被害を受け、本丸の移転も余儀なくされた。酒井氏

◀群馬県庁舎の立つあたりが、かつての前橋城。利根川に面していることがよくわかる。高さ153.8mの庁舎は、都道府県本庁舎としては東京都庁舎に次いで高い

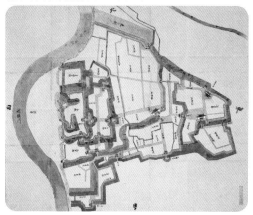

▼酒井氏時代の前橋城。西（左）を流れる利根川と、北（上）を流れる広瀬川が外堀の役目を果たした
（写真：国立国会図書館デジタルコレクション）

▼前橋城の城門のなかで、特に重要だった車橋門跡。土塁とともに現在も見られる貴重な遺構

が転封を申し出たのも、川の改修工事や城の修繕費で財政がひっ迫したためといわれる。水害と修繕は松平氏の時代も繰り返され、結局、明和4年（1767）に松平氏も川越へ居城を移転＊＊。前橋は廃城となった。

領民の望みで再築され
わずか4年で破却

前橋城を廃城に追い込んだ水害には、領民も長年にわたって苦しめられてきた。しかし、廃城を嘆いたのも、また領民たちだった。町の中心である城が失われたことで領内の荒廃を憂う領民たちは、前橋城の再建と領主の帰城を強く望んだ。

廃城からおよそ100年が過ぎて横浜が開港し、生糸貿易が盛んになると、生糸の生産地である前橋は活況を呈し始めた。利根川の改修も行われ、水害の危険性も減った。そこで、領民たちの請願を受けた11代藩主松平直克は、前橋城の再築内願書を幕府に提出。これが認められ、慶応3年（1867）に新たな城が完成した。既存の城の増改築すらほとんど認

めなかった幕府が前橋城の再建を許可したのは、江戸城が列強に攻撃された際の備えとするためだったといわれている。

莫大な費用と、当時の技術の粋を集めて再築された前橋城は、土塁の要所に砲台が設置された近代的な要塞だったという。しかし、完成からわずか4年後、明治維新による廃藩置県で、前橋城は真っ先に取り壊された。なまじ堅固な城だっただけに、明治新政府が脅威に感じていたとの説もある。

こうして、前橋城は再びこの世から姿を消した。しかし、本丸御殿だけは取り壊しを免れ、昭和初期までは前橋県庁、群馬県成立後は県庁の庁舎として使用された。現在、その跡地には平成11年（1999）に竣工した、地上33階建ての群馬県庁舎がそびえている。

▲県庁そばに鎮座する前橋東照宮。前橋城再築後の明治時代に、かつての松平氏の領地だった姫路からこの地に移された

＊＊以後、前橋藩の領地は川越藩の飛び地となり、前橋城の再築後に再び前橋藩に戻った

日本の近代化に奔走し
非業の死を遂げた幕臣
小栗上野介忠順
おぐり　こうずけの　すけ　ただまさ

忠順の隠棲先だった
東善寺（高崎市）にある小栗上野介像▲
（写真：観光ぐんま写真館）

欧米の視察で
近代化の是を確信

　日本各地で多くの血が流された幕末、群馬県でも罪なくして斬られた人物がいる。日本の近代化の夢半ばで無慈悲に命を奪われ、"悲劇の幕臣"と呼ばれる小栗上野介忠順だ。

　忠順は文政10年（1827）、江戸・神田の旗本の家に生まれた。少年時代から儒学者の塾に通い、同時に剣術や柔術、砲術も学んだ。この時代に、開国論を聞いて影響を受けるようになったようだ。17歳の時に江戸城で将軍に拝謁し、学芸と武術の才を買われて、将軍の警護に当たる両御番となった。

　安政5年（1858）、大老の井伊直弼が無勅許で日米修好通商条約に調印。積極的に交易を唱えて

▶忠順は安政6年に豊後守に叙任された後、文久3年（1863）に上野介に遷任された。以後、小栗上野介と称された
（写真：国立国会図書館）

いた忠順は井伊に認められ、万延元年（1860）に、条約批准の使節団の一員として渡米した。ワシントンで条約批准書の交換に立ち会い、海軍造船所、金貨鋳造所などを視察し、大西洋回りで帰国。約8カ月に及ぶ旅だった。

　帰国後は外国奉行をはじめ、勘定、歩兵、陸軍、軍艦、海軍の各奉行を歴任。欧米を規範に近代化を目指し、横須賀製鉄所＊の建設に着手した。そのほか、フランス式軍隊の導入と訓練、フランス語学校の設立、鉄道建設、国立銀行、電信・郵便制度の創設などを提案し、商工会議所や株式会社組織などの経営方法をも発案。日本初の本格的なホテルである築地ホテル館の建設も主導した。幕府の財政が破綻していた当時、製鉄所の建設は大きな

▲『万延元年遣米使節図録』には、忠順らが米国のブキャナン大統領に謁見した様子が描かれている
（写真：国立国会図書館デジタルコレクション）

　＊ 製鉄所と名がつくものの、主に造船と船の修理を目的とした施設。
　　慶応元年に起工し、明治4年（1871）に横須賀造船所と改称。現在は在日米軍横須賀海軍施設

▼高崎市倉渕町水沼にある「小栗上野介忠順終焉の地」。「偉人小栗上野介罪なくして此所に斬らる」と刻まれた碑が立つ

▼忠順の遺体は東善寺裏山に埋葬された。館林で首実検をされ現地に埋葬されたが、その後に村人が奪取し、一周忌の夜にこの地に移したという

批判を浴びたが、忠順は日本の近代化に貢献することを信じて疑わなかった。この製鉄所におけるフランス人所長の任命は、雇用規則や月給制、残業手当、社内教育、洋式簿記などを日本に導入する結果となった。

あらぬ疑いをかけられ河原に散った命

慶応4年（1868）に戊辰戦争が始まると、忠順は主君の徳川慶喜に、戦略を示しながら徹底抗戦を主張。しかし慶喜はそれを退けて恭順を表明し、忠順を罷免した。幕政から外れた忠順には、米国への亡命の勧めや、彰義隊隊長への推薦もあったというが、それらをすべて断り、所領である上野国権田村（高崎市倉渕町）に隠棲した。

権田村に着いてすぐ、忠順は、幕府から多額の軍用金を持ち帰ったという噂を信じた暴徒に襲われたが、これを撃退。その後は、激しさを増す戦争には関心を示さず、村人たちを主導して用水路や田畑の開発に勤しんだ。しかし、忠順の才覚を恐れ、隠棲後もその動向を注視していた新政府軍は、忠順が多くの兵器を所有して農兵を養成し、謀反を企てていると決めつけた。そして、隠棲からおよそ

3カ月後に忠順は捕縛され、申し開きもろくに聞いてもらえず、烏川の河原で斬首された。享年42歳だった。

忠順が手がけた近代的な政策や構想は多岐にわたり、皮肉にもその多くは、明治新政府の手で次々に実現されていった。特に、忠順の肝煎りだった横須賀製鉄所はその後、造船はもちろん、日本初の洋式灯台である観音埼灯台の建設、生野銀山（兵庫県）の再生、富岡製糸場（群馬県）の設計など明治になっても貢献。まさに、日本の近代化の原動力となった。後に明治の元勲の一人、大隈重信が語った「明治政府の近代化政策は小栗上野介の構想の模倣に過ぎない」との言葉が、忠順の先見性と功績を表している。

▲忠順にちなむ高崎市の道の駅「くらぶち小栗の里」。忠順を紹介する企画展などが開催されることもある

世界遺産に登録された
富岡製糸場と絹産業遺産群は
いったいどこがすごい?

機能的に結びついた
4つの構成資産

　明治時代、富国強兵政策を掲げ殖産興業政策を進める新政府は、外貨獲得のために生糸生産を奨励した。生糸を外貨獲得の手段としたのは、西洋で蚕の病気*が蔓延し、日本の蚕種と生糸が売れていたためだ。だが、当時の生糸は座繰りによる少量生産。そこで、海外の最新技術を導入して大量に生産するため、

◀田島弥平は、自身が考案した清涼育の養蚕理論を『養蚕新論』として出版した
(写真：群馬県立図書館)

　明治5年(1872)に誕生したのが富岡製糸場だ。富岡の地が選ばれたのは、土地や水、蒸気機関の燃料となる石炭が入手しやすかったからだ。2014年には、「富岡製糸場と絹産業遺産群」として世界遺産に登録された。生糸の大量生産を実現した「技術革新」と、海外との「技術交流」が行われた点が評価されての登録となった。この遺産は、富岡製糸場のほか、田島弥平旧宅(伊勢崎市)、高山社跡(藤岡市)、荒船風穴(下仁田町)からなる。富岡製糸場の知名度が特に高いが、製糸工場だけでは絹産業は成り立たない。工場へ繭を安定供給するためには、蚕種を生産する蚕種業や、蚕に繭を作らせる養蚕業を行う養蚕農家や施設が不可欠。その代表例が田島弥平旧宅、高山社跡、荒船風穴なのである。

▲田島弥平旧宅は、清涼育を実践するため、空気の循環を重視した櫓付きの2階建て。その後の養蚕農家建築のモデルとなった(写真：観光ぐんま写真館)

▲清温育は高山社の高山長五郎が開発した。現在も母屋兼蚕室が残る(写真：観光ぐんま写真館)

＊原生動物の寄生による蚕の病気で、微粒子病と呼ばれる。19世紀半ばのヨーロッパで大流行した

▼富岡製糸場には繰糸所や東置繭所、西置繭所（写真）など、日本と西洋の建築技術を融合した建物が、現在も良好な状態で残る（写真：富岡市）

◀富岡製糸場で働く工女は多くが華族や士族の女性で、いわばエリートだった

（写真：群馬県立図書館）

　養蚕農家の田島家は、養蚕家屋の基本形を確立し、養蚕法の「清涼育＊＊」を書物で広めた。高山社は「清温育＊＊」を考案し、養蚕教育機関も設立。それぞれが養蚕法の確立に貢献した。荒船風穴は、蚕種を低温で卵のまま長期保存する施設である。そして富岡製糸場は、こうして生産された繭を仕入れて生糸の大量生産を行った。蚕種・養蚕・製糸業の全般にわたり、4つの構成資産が機能的に結びつき、外貨を獲得できる産業を成立させ、日本の近代化の立役者となった。

日本の生糸が世界の絹消費を支えた

　富岡製糸場で作られた生糸は、アメリカに安価で輸出されて1930年代からの衣料革命を促し、戦後はフランスやイタリア、中国、ブラジルなどにも輸出された。田島家は蚕の病気が蔓延する海外で良質な蚕種を直接販売

▼荒船風穴は、岩の隙間から吹き出す冷気を利用した"天然の冷蔵庫"で、国内最大規模だった

し、高山社の教育機関は海外から留学生を受け入れ、指導員の海外派遣も行った。荒船風穴でも、朝鮮半島との貯蔵の取引が行われた。こうして、良質な生糸を作るための技術革新、その技術に基づいた国際交流は、世界の絹産業の発展と絹消費の大衆化をもたらした。絹産業関連の世界遺産は多いが、蚕種から製糸までを含む富岡製糸場と絹産業遺産群は、絹産業の全体像を伝える唯一の遺産だ。

　富岡製糸場は明治26年に民間へ払い下げられ、その後、日本最大の製糸会社だった片倉製糸紡績株式会社（後の片倉工業）が最後の所有者となった。片倉工業は富岡製糸場の操業停止後も莫大な費用を投じ、貴重な文化財として建物の保存に努め、2005年に富岡市に寄贈した。世界遺産登録において、忘れてはならない存在である。

養蚕から生糸までのプロセスと構成資産のかかわり

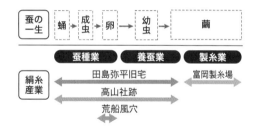

蚕の一生	蛹 →	成虫 →	卵 →	幼虫 →	繭

蚕種業　養蚕業　製糸業

絹糸産業	田島弥平旧宅	富岡製糸場
	高山社跡	
	荒船風穴	

＊＊清涼育は通風を重視し、自然に近い状態で行う養蚕法。一方の清温育は、火力を利用して換気と温湿度管理を行う養蚕法

キリスト教こそが
日本近代化の道と信じた
新島襄と内村鑑三

高崎市を流れる烏川。
内村が幼い日に遊んだといわれる▲

宣教師として帰国し
名門校を創立した新島襄

キリスト教徒として、明治日本の近代化を図った新島襄と内村鑑三は、ともに群馬県出身だ。新島は天保14年(1843)に安中藩士の子として、内村は文久元年(1861)に高崎藩士の子として生まれた。

新島は若くして蘭学や英学を学び、漢語で読んだ『聖書』に大きな影響を受けた。元治元年(1864)、国禁を犯し渡米。大学や神学校などでキリスト教を学び、アーモスト大学では、後に札幌農学校の教頭となるクラークに学んだ。クラークの来日は、この縁が大きかったという。明治5年(1872)、アメリカを訪れた岩倉使節団に通訳として参加し、欧米の教育制度を視察。新島は、アメリカで過ごすなかで、優れた文明を支えるのはキリス

◀海外への渡航が禁じられていたなか、新島はロシア領事館付の司祭の協力で、箱館(函館)港から出国。左の絵のような変装をしていたという
(写真：国立国会図書館デジタルコレクション)

ト教精神であり、近代国家をつくるにはキリスト教の人間形成が必要だと痛感した。ボストンの教会で按手礼*を受けて牧師となり、渡米から10年後、宣教師として帰国。故郷の安中で布教活動を行った。

帰国の翌年、日本の近代化のリーダーとなる人物の育成を目指し、京都で得た土地に同志社英学校(後の同志社大学)を設立した。た

◀新島の幼名は七五三太。ボストンへ向かう船の船長から「Joe」と呼ばれたことで、襄と名乗るようになった
(写真：国立国会図書館)

▲安中市の新島襄旧宅。アメリカから帰国した新島は、ここで両親と再会した。現在は関係資料を展示している

*キリスト教会で、信徒を牧師や司祭などに就かせる際に行われる聖別の儀礼。上長により、本人の頭に手が置かれる

だ、大本山相国寺の門前に設立されたキリスト教の学校だけに、仏教界から反発を受けた。明治11年には、地元群馬の人々に洗礼を授けて安中教会創立に尽力した。キリスト教に基づいた人格教育に生涯を捧げ、明治23年、急性腹膜炎により逝去。47歳だった。

内村鑑三が愛した
イエスと日本

　一方の内村は、明治10年に札幌農学校に進学。クラークはすでにアメリカへ帰国していたが、キリスト教精神に基づく校風に染まった。卒業後、開拓使や役所勤めを経て渡米し、新島の紹介を得てアーモスト大学に入学。キリスト教信仰を深めたが、新島とは異なり、

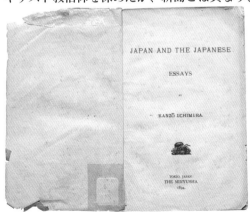

▲内村が明治27年に著した『JAPAN AND THE JAPANESE』。明治41年に『代表的日本人』と改題・翻訳された
（写真：群馬県立図書館）

アメリカでのキリスト教のあり方に疑問や不信感を抱き、帰国した。

　帰国後は高等中学校で教職に就いたが、教育勅語への最敬礼を十分に行わなかったという、いわゆる「不敬事件」で社会から糾弾され、辞職。その後は文筆家、思想家として名声を確立し、東京での新聞記者時代は社会運動家としても活動。日露戦争の開戦時にはキリスト教の人道的立場から非戦論を主張した。

　内村は、教会や儀式的礼拝、聖職者を否定し、人間は直接キリストと結びつくとする、独特の無教会主義を展開。キリスト教は外来の宗教ではなく、日本人の心の求めに基づくものであるとし、イエス（Jesus）と日本（Japan）の「二つのJ」に仕えることを説いた。日本と日本人を愛した愛国者のキリスト教徒として、69歳の生涯を閉じた。

　内村には英語の名著も多い。不敬事件の後に書かれた自伝『余は如何にして基督信徒となりし乎』は世界各国で読まれ、日本人の精神性の深さを記した『代表的日本人』は、三大日本人論**の一つに数えられている。

　なお、新島と内村は上毛かるた（☞P112）の取り札に、「平和の使徒　新島襄」および「心の燈台　内村鑑三」と記されている。

** 内村の『代表的日本人』と、新渡戸稲造の『武士道（Bushido:The Soul of Japan）』、岡倉天心の『茶の本（The Book of Tea）』。いずれも英語で書かれた

77

温泉効能に着目した**ベルツ博士**と**ハンセン病者**を癒した**宣教師リー** 草津ゆかりの二人の**外国人**

草津温泉を世界に広めた 「草津の恩人」

　群馬県を代表する温泉地の草津には、この地を語るうえで欠かせない二人の外国人がいる。その一人が、「日本近代医学の父」と称えられるドイツ人医師のエルヴィン・フォン・ベルツだ。ベルツはドイツで日本人留学生の治療に携わった縁で、明治9年（1876）に日本政府から東京医学校（現・東京大学医学部）の教授として招聘され、来日。病理学、生理学、薬物学、内科学、産婦人科学、精神医学などを担当し、明治35年の退官後は、宮内省御用掛を務めた。

　ベルツは医療技術を伝えただけではなく、

▲草津温泉の入口にある「道の駅草津運動茶屋公園」。敷地内に、ベルツ博士の軌跡や草津温泉との関係を物語る資料を展示する「ベルツ記念館」がある

◀ベルツは日本滞在中の29年間を日記につづった。この『ベルツの日記』は、明治時代の日本の世相を伝える貴重な資料。大日本帝国憲法発布をひかえ、その内容を知らないにも関わらずお祭り騒ぎの日本人を皮肉った記述もある

当時の日本に多かった寄生虫病、急性・慢性伝染病、脚気（かっけ）などの病因究明にも着手。保養地や別荘での療養、海水浴なども奨励した。手荒れ対策用に処方した「ベルツ水*」や、日本の子供のお尻にある「蒙古斑（もうこはん）」の命名でも知られる。人類学や民俗学にも造詣が深く、伝統工芸や美術、武術などの日本文化も愛した。政府高官とも広く交流を持ち、特に伊藤博文との親交は深く、外交面の助言なども行った。とりわけ群馬においては、明治11年頃より草津温泉に何度か訪れ、温泉を分析し、正しい入浴法を指導。同時に、草津を第一級の温泉保養地として世界に紹介し、政府にも温泉治療の指導を説いた。また、伊香保温泉にも別荘を建てた。

　来日当初、ベルツの契約期間は2年だったが、最終的に日本滞在は29年の長きにわた

　＊グリセリンやアルコール、水酸化カリウムを主成分とする皮膚の荒れ止め用化粧水。一般にはグリセリンカリ液の名で、薬局で販売されている

り、日本人女性と結婚もした。「草津の恩人」とも呼ばれる彼は、明治38年に故国ドイツに帰国し、その8年後に没した。

ハンセン病者を支えた「草津のかあさま」

　草津にゆかりの深いもう一人の外国人が、イギリス人宣教師のコンウォール・リーだ。両親の死後、かつて旅行で訪れた日本でキリスト教伝道に生涯を捧げるため、明治40年に50歳で来日。日本聖公会の宣教師として東京、横浜、千葉などで伝道活動を行った。

　当時、草津温泉の湯之沢地区では温泉療養を目的に全国からハンセン病者が集まり、共同体が形成されていた。しかし、当時、不治とされた病に苦しむ人々の心はすさみ、風紀も乱れていた。大正4年(1915)、草津のキリスト教団体の要請で湯之沢を視察に訪れたリーはその惨状に胸を痛め、翌年、59歳の高齢の身で草津に移住。生涯をハンセン病者の救済と伝道に捧げるため、草津聖バルナバ教会を皮切りに、独身者用の男子ホームや女子ホーム、夫婦ホーム、児童ホーム、学校、幼稚園などを次々に設立した。この事業は「聖バルナバミッション」と呼ばれる。

　リーはこの事業のために私財をほとんど使

▶男爵家の分家に生まれたコンウォール・リー。頭脳明晰で、来日後すぐに日本語をマスターしたという。文才にも優れ、14冊の著書もある
（写真：日本聖公会北関東教区草津聖バルナバ教会）

▼草津に移住したリーが最初に設立した、湯之沢の草津聖バルナバ教会（写真：日本聖公会北関東教区草津聖バルナバ教会）

い果たし、病者の臨終には必ず立ち会って祈りを捧げ、息を引き取ると自ら遺体を拭き清めた。病者に寄り添う献身的なその姿は、病者たちの心を癒やした。リーは「かあさま」と慕われるようになり、彼女を通して洗礼を受けた者は1000人を超えた。

　リーの活動は実を結び、昭和7年(1932)には全国で2番目の国立療養所である栗生楽泉園が草津に誕生。その後、引退して兵庫県の明石に移り住んだ彼女は、昭和16年に84歳で没した。遺言によって、遺骨は草津聖バルナバ教会墓地にある納骨堂に納められ、その納骨堂は、彼女を慕った病者たちの墓に囲まれている。

▲現在の草津聖バルナバ教会。リーの生涯と偉業を紹介する「リーかあさま記念館」が併設されている
（写真：日本聖公会北関東教区草津聖バルナバ教会）

日本の公害事件第1号
渡良瀬川（わたらせがわ）流域に
被害を与えた足尾鉱毒事件（あしお）

田中正造の密葬が行われた
館林市の雲龍寺には、
正造の墓がある▶

鉱山排水と洪水が
鉱毒被害をもたらした

　足尾鉱毒事件は「日本の公害の原点」ともいわれる、日本近代史上最大の公害事件である。この事件の発端となった足尾銅山は栃木県日光市にあるが、その被害は渡良瀬川によって群馬県にももたらされた。

　江戸時代に幕府の直轄だった足尾銅山は、明治に入ると民営化され、明治10年（1877）に古河市兵衛（ふるかわいちべえ）に買収された。その後は新技術の導入や新鉱脈の発見などで生産量を急増させ、明治17年には国内最大の銅山となった。

　一方で、燃料を得るための木々の乱伐、煙害による樹木の枯死で、渡良瀬川流域の山はハゲ山となり洪水が多発。また、有害物質*を含んだ鉱山排水で渡良瀬川の水や土壌が汚染され、魚類が大量死し、農耕地も荒廃。住民たちにも深刻な健康被害を及ぼした。特に、明治23年の洪水は大きな鉱毒被害をもたらし、住民たちを鉱毒反対運動へと駆り立てた。しかし、資金源として銅産業を保護していた政府は対策には消極的だった。

◀田中正造は廃村が決定した谷中村に移り住み、全財産を使い果たし、大正2年に没するまで鉱毒問題を追及した
（写真：国立国会図書館）

『足尾銅山鉱毒被害地各村落之略地図』

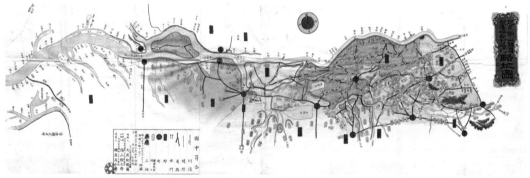

明治30年に作成されたもの。鉱毒被害にあった郡が赤の四角、村々が黄色の四角で囲まれている（写真：群馬県立図書館）

▶渡良瀬遊水地は、群馬・栃木・埼玉・茨城の4県にまたがる日本最大の遊水地（遊水池）。現在は動植物の重要な生息地でもある
（写真：Maeda Akihiko）

▼栃木・群馬両県の鉱毒事務所が置かれた雲龍寺。被害農民たちは、ここから押出しに出発した

　この問題に取り組んだのが、栃木県の衆議院議員・田中正造である。明治24年、正造は帝国議会で足尾銅山の鉱毒問題を訴えた。さらに明治29年の洪水後、雲龍寺（群馬県館林市）に、栃木・群馬両県の鉱毒事務所を開設。反対運動の拠点とした。

世論を動かした死を賭しての行動

　鉱毒被害に対し、政府や銅山所有者の古河鉱業（後の古河機械金属）はさまざまな対策を行った。しかし、被害農民の納得のいくものではなく、農民たちは大挙して東京に出向いて陳述する「押出し」を繰り返した。明治33年の押出しでは、川俣（邑楽郡明和町）付近で農民たちが警官隊から弾圧を受ける「川俣事件」が発生。67名が逮捕され、うち51名が起訴された（後に全員不起訴）。

　翌年の帝国議会開院式の日、正造は日比谷で直訴状を手に、明治天皇の乗る馬車に駆け寄った。未然に取り押さえられたが、死罪を覚悟したその行動は世論を動かし、政府に対する批判が高まった。これに対し、明治39年、政府は谷中村（栃木県）を廃村にして渡良瀬遊水地を造成。洪水対策とされたが、実質的には鉱毒処分のためといわれた。谷中村は、特に反対運動の盛んな村の一つだった。

　しかし、その後も鉱毒被害は続いた。明治

43年の大洪水では、生活が崩壊した板倉地区（邑楽郡）の約200人が、拓殖計画＊＊を利用して北海道へ集団移住。だが、極寒の地での生活に耐えられず、一人として定住できなかったという。昭和33年（1958）にも堆積場の決壊により、毛里田村（太田市）を中心に大規模な鉱毒被害が発生した。

　正造の帝国議会での訴えから80年以上が経過した昭和49年、初めて古河鉱業の加害責任が認められた。足尾銅山は前年に閉山しており、これによって足尾鉱毒事件は表面的には解決したとされる。だが2011年、東日本大震災の影響か、渡良瀬川下流から基準値を超える鉛が検出された。明治の鉱害は時を超えて、今なお傷跡を残している。

▲川俣事件が起こった場所には、現在「川俣事件衝突の地」の標識と説明板が立つ

足尾銅山を経営した
古河市兵衛とは?
ふるかわいちべえ

古河市兵衛は、足尾銅山など鉱業で活躍した明治時代の実業家、古河財閥の創業者である。ただ、市兵衛というと、足尾鉱毒事件ばかりがクローズアップされ、まるで死の商人のように思われているが、本書では知られざるその生涯を紹介しよう。

市兵衛は天保3年（1832）、酒造業を営む木村長右衛門の次男として京都に生まれた。幼少のときに母と死別し、父の商売も傾いたので、9歳のとき丁稚奉公に出されたが、こき使われているのを見かねた長右衛門が連れ戻した。そこで祖母は彼を寺に入れようとしたが、市兵衛は「商売人になる」と言って断り、11歳で天秤棒をかついで豆腐を売り始めた。ある日、駕籠屋の駕籠とぶつかり、箱の中の豆腐が崩れてしまう。市兵衛が「弁償してほしい」と言うと、駕籠屋は「おまえの不調法だ」と叱り飛ばした。

驚いた市兵衛が「どうか勘弁して買って下さい」と謝罪し、泣く泣く安く買い取ってもらった。このとき市兵衛は「相手が私に迷惑をかけておきながら、叱り飛ばして行き過ぎようとした。それは、ひとえに私の身分が賤しいからだ。私は名のある人間になりたい」と思い立ち、18歳になると、盛岡で豪商・井筒屋盛岡店を任されている伯父の木村理助のもとに行き、修業させてほしいと頼んだのである。井筒屋の本店は京都にあり、当主の小野善助は明治維新後、小野組として政商となった。

市兵衛は理助のもとで巧みな商才を見せた。そこで理助は小野組の番頭・古河太郎左衛門に頼み、彼の養子にしてやった。以後、市兵衛は古河姓を名乗ることになる。太郎左衛門は厳格な人で、これまで3人の養子が逃げ出していたが、市兵衛は養父の厳しい指導に耐え、東北で生糸を巧みに買い付けては大きな利益をもたらした。このため横浜港からの輸出も一任され、結果、7万両の大金を稼いだ。小野宗家はその功に報いるため、明治2年、暖簾を分けて分家に昇格させた。しかし小野組は明治7年に倒産してしまい、市兵衛も店に預けていた5千円も政府に没収され、一文無しになった。

43歳ですべてを失った市兵衛だが、商人として再起する道を選んだ。ただ、生糸売買はすっぱりやめ、銅山経営を選んだ。知人から話を聞いて面白そうだと思ったからだ。

市兵衛は、渋沢栄一が頭取をつとめる第一国立銀行から1万円という大金を借り受けた。渋沢は市兵衛とは旧知で、無学だが非凡な商才があると見込んでいたので、この融資が成立したのだ。以後、市兵衛は第一国立銀行からたびたび融資を受けるが、長い間一度も利子をまけてくれといわず、銀行から届いた計算書を信じ、どんなに苦しい時でも必ず都合して額面通りの利子を払ったという。

さて、銀行から借りた1万円は大金だが、

鉱山を所有できる額ではない。そこで市兵衛は、つてを頼って相馬子爵家に2万2千円を出資してもらい、政府から新潟県の草倉銅山、長野県の赤柴銅山を買い受け、明治8年から相馬家のもとで経営を始めた。翌年には高松藩松平伯爵家の山形県幸生銅山の経営権も獲得、銅鉱業に大々的に乗り出していった。

すると、足尾銅山を所有する副田欣一が売買の話を持ちかけてきた。江戸初期から続く銅山で、かつては莫大な銅を産出していたが、このときは坑口が蜂の巣のようにあき、産出量も激減していた。しかし市兵衛は、即座に買い取ったのである。

人びとは「市兵衛は必ず失敗する」とあざ笑い、親族や部下も反対したが、「歴史のある銅山だから、まだ大量の銅が埋蔵されている」と信じたのだ。まるで博奕だが、多かれ少なかれ鉱山経営にはリスクがつきまとう。事実、市兵衛は数年間苦しい状況に立たされた。最新の掘削機械など莫大な設備投資をして採掘を進めたが、鉱脈を掘り当てることができない。結果、明治11年、12年、13年と赤字が積み重なっていった。このままではあと1年持たないだろう。が、明治14年末、足尾銅山鷹の巣坑で鉱脈が見つかり、前年の倍近い29万斤の銅が産出されたのだ。市兵衛は、横間歩鉑の奥にさらなる大鉱脈があると予測、ここを重点的に掘削させた。そして明治17年、ついに大鉱脈に突き当たった。かくして明治18年には700万斤の銅を産出。他の銅山をあわせて900万斤を超えた。これは、日本が産出する銅の50%を占めた。6年後には足尾銅山だけで1270万斤という記録を樹立し、市兵衛は一躍大富豪に成り上がった。

だが、それからも市兵衛は他産業に手を出そうとしなかった。リスクの分散をはからず、銅鉱業こそが天命だと信じ、次々と銅山を購入し掘削に邁進した。

ただ一方で、足尾銅山の鉱毒も大きな社会問題として新聞に取り上げられ、明治30年には政府から足尾鉱毒予防工事命令を受けた。そこには厳しい工事内容と期限が記されており、間に合わなければ操業停止になる。そこで市兵衛は陣頭に立って104万円という莫大な資本を投下し、のべ58万3千人を使って期限内に工事を終わらせた。

明治33年、市兵衛は従五位に叙された。驚くべきことに、市兵衛はこのときはじめて丁髷を切った。「一日一万両儲けなければ髷は切らぬ」と誓っていたのだ。が、功を成した今、周囲に説得されて断髪したのである。それから3年後、市兵衛は胃癌のため72歳の生涯を閉じた。

生前、市兵衛は商売には「運・鈍・根」が大事なのだと語っていた。「自分は不器用な鈍才だが、何事も正直に根気よくやっていくことが重要だと考えている。しかしながら、努力だけではどうにもならないものが天運だ。鈍才と根気に加えて運が重要なのだ。小利口に立ち回って策を弄しても、決して商人として成功することはない」それが市兵衛の口癖であった。何とも含蓄の深い言葉である。

▶古河市兵衛肖像
（写真：国立国会図書館）

自噴湧出量日本一を誇る
東の横綱、草津温泉。
"高原の湯の町"の魅力とは

草津温泉のシンボル
"湯畑"▲

泉質と歴史が立証する名湯

インターネット接続大手のビッグローブが、2023年に行った「第14回 みんなで選ぶ 温泉大賞」で、草津温泉は見事、温泉地部門東日本エリア最高位の"東の横綱"に輝いた。14年連続の快挙だ。観光経済新聞社主催の「にっぽんの温泉100選」では、20年連続の1位で、2023年の結果が待たれる。

選ばれた理由は、「泉質主義」の草津ならではの泉質の良さと湧出量の多さだ。代表的な6つの源泉のほか、町内には100カ所の源泉があるとされ、上毛かるたに「草津よいとこ/薬の温泉（いでゆ）」と詠われているように、強酸性の泉質はアトピー性皮膚炎や神経痛、腰痛、末梢循環障害、自律神経の不調や胃腸機能の低下などに、多くの効能が認められている。

開湯の時期は、約1800年前の日本武尊（やまとたけるのみこと）発見説や、奈良時代の高層・行基による発見説など諸説あるが、鎌倉時代に源頼朝が入浴したと知られていることから、太古の昔から、泉質の良さに定評があったことは間違いない。

▶湯畑に近い熱乃湯では、"湯もみと踊り"のショーを毎日開催

▲西の河原露天風呂の源泉は万代。万代温泉は95℃前後の高温で、強酸性。殺菌・抗炎症作用に優れている
（写真：草津温泉観光協会）

▲毎分3万2300ℓ以上、1日にドラム缶約23万本分の温泉が湧く湯畑源泉
（写真：草津温泉観光協会）

▶西の河原公園内にあるベルツ博士とスクリバ博士の像

◀江戸から明治時代にかけて湯畑周辺にあった5つの共同湯のうち、当時を再現した白旗源泉の御座之湯

ベルツ通り
草津町
西の河原露天風呂
•西の河原源泉
ベルツ・スクリバ
博士両像
御座之湯
光泉寺
天狗山通り
草津温泉
バスターミナル
万代源泉
292
熱乃湯
湯畑
白旗源泉
湯畑源泉
煮川源泉
大滝乃湯
地蔵源泉
すずらん通り
草津熱帯圏
0　　200m
292
躑躅の湯

その泉質を医学的見地から大絶賛し、世界に草津の名を広めたのは、明治9年（1876）に日本政府の招きで来日したドイツ人医師、エルヴィン・フォン・ベルツだ。明治29年には草津温泉の研究書『熱水浴療論』を発表し、医学的有効性を世界中に紹介したのである。東京帝国大学（現・東京大学）の案内板に「内科にベルツ、外科にスクリバあり」と示されたように、外科医のユリウス・スクリバ博士も草津温泉を科学的に研究し、その医学的効能を実証している。

草津温泉で有名な湯もみにも意味がある。泉質を変えずに湯温を下げるためのものだが、昔は、入浴前の準備運動を兼ねて、入浴者自らが行っていたという。湯もみはまさに温泉療法の一端だったのである。

ベルツ博士も絶賛した理想の環境

草津節は、"湯もみ唄"とともに草津温泉に伝わる民謡だ。その一節にあるのが「草津よいとこ 白根の麓 暑さ知らずの 風が吹く。」

暑さ知らずには、確かな根拠があった。海抜1200mの高原地にある草津は、1991～2020年の20年間の計測の結果、年間平均気温は7.6℃。7月の平均気温は18.9℃、8月でも19.6℃という快適さ。日本各地で猛暑日が続く昨今を見ると、2022年の8月

◀草津白根山方面から草津に向かう志賀草津道路から見下ろした草津温泉。草津節にある通り、白根の麓に位置している

▼散策や休憩にも最適な、草津温泉の中心部にある湯畑
（写真：草津温泉観光協会）

足湯「湯けむり亭」

草津に歩みし百人

温泉が流れる湯滝

湯の花を採取する湯桶

に30℃を超えたのはたった1日だった。北と西を2000m級の三国山脈に囲まれ、東と南に高原が開けたこの地は、理想的な高原性の気候なのだ。ベルツ博士も泉質だけでなく、澄んだ空気や穏やかな気候にも着目し、温泉療養のリゾートとしても高く評価した。実際、彼は6000坪の土地を購入したほどこの地を愛し、温泉保養地開発にも尽力した。

草津温泉は、心身ともに健康に導く、最強の温泉リゾートなのである。

▲ 「草津に歩みし百人」の碑には、発見者やゆかりの人物100人の名が刻まれている。101人目は、ヤマザキマリ作の漫画『テルマエ・ロマエ』の主人公ルシウス・モデストゥス

泉質、環境、効能いろいろ
個性豊かな温泉地が揃う
関東一の温泉天国

湯の守護神を祀る伊香保神社▲

選択肢豊富な温泉県

　環境省発表の2021年度全国温泉利用状況によると、群馬県にある温泉地は90。全国合計は2894で、8位にあたり、源泉総数は459。宿泊利用者数は約368万人で、北海道、静岡、長野に次いで全国4位だった。約570万人が宿泊し、全国3位だったコロナ禍前の2019年度に比べると減少しているものの、コロナ禍でも依然として高い人気を誇っていたことがわかる。都心に近い上、個々の温泉地が独特の個性を持っていることが魅力のひとつだろう。

　草津や万座温泉は草津白根山、伊香保温泉は榛名山、赤城温泉は赤城山に由来する火山性の温泉とされるが、温泉がすべて火山に由来するわけではない。非火山性の温泉も多く、その中でも、地下水が高温岩体や地熱などで温められた深層地下水型と、太古の地殻変動などで古い海水が地中に閉じ込められた化石

県内の温泉の泉質と特徴

泉質名	特徴	適応症	県内の代表的温泉地
単純温泉	肌触りが柔らかく、肌への刺激が少ない。pH8.5以上のアルカリ性単純温泉は「すべすべ」感が大	自律神経不安定症、不眠症、うつ状態	老神、片品、川場、宝川、谷川、水上、湯檜曽
二酸化炭素泉	炭酸ガスが解けて細かい泡が出、全身に泡が付着して爽快感がある。飲用すると爽やかなのど越し	切り傷、末梢循環障害、冷え性、自律神経不安定症	妙義、下仁田、猿川
炭酸水素塩泉	陰イオンの主成分が炭酸水素イオンのもの。無色透明で「美肌の湯」と呼ばれる	切り傷、末梢循環障害、冷え性、皮膚乾燥症	鹿沢、磯部、八塩、塩ノ沢
塩化物泉	陰イオンの主成分が塩素イオンのもの。塩分が主成分で飲用すると塩辛い。日本に多い泉質。保温効果がある	切り傷、末梢循環障害、冷え性、うつ状態、皮膚乾燥症	川原湯、高山、小野上、磯部、梨木
硫酸塩泉	陰イオンの主成分が硫酸イオン。無色か黄色味があり、飲むと苦みがある。「傷の湯」として有名	切り傷、末梢循環障害、冷え性、うつ状態、皮膚乾燥症	湯宿、法師、猿ヶ京、上牧、伊香保、四万、尻焼、沢渡、霧積
含鉄泉	湧出したときは無色透明で、空気に触れると酸化して茶褐色に。保温効果が抜群。飲用すると鉄分の補給に	鉄欠乏性貧血、冷え性	万座、五色
硫黄泉	卵の腐敗臭に似た硫化水素ガス特有のにおいがあり、黄白色の沈殿物は「湯の花」と呼ばれる	アトピー性皮膚炎、尋常性乾癬、慢性湿疹、表皮化膿症	草津、万座、川原湯
酸性泉	無色か微黄褐色。殺菌力が大変強い。病弱な人や高齢者、肌の弱い人には不向き	アトピー性皮膚炎、尋常性乾癬、糖尿病、表皮化膿症	草津、万座

（参考：群馬県温泉協会HP）

海水型がある。古い時代の地層からなる群馬県には、これら非火山性の温泉も多く見られる。

群馬県の独自の調査で、火山性の草津温泉や伊香保温泉でも、50年以上地下にあった熱水が半分近く含まれているとわかっている。また、四万温泉や湯宿温泉などは非火山性で、50年以上、地下で温められた熱水のみが温泉となって湧いている。そんな条件下で湧く県内の温泉で確認されていない泉質は、含よう素泉と放射能泉のみ。それ以外は認められているため、泉質や効能をチェックして、目的に合った温泉地を選んでみたい。

地域別の特色

2021年度の群馬県の宿泊施設数は516。北部の利根沼田エリアには、大自然の中の宿が多く、北西部の吾妻エリアには、草津や万座など、湯量豊富な温泉が目立つ。温泉記号発祥の地の磯部や、風光明媚な妙義に榛名湖があるのは西部。県央の目玉は伊香保温泉。東部は最も温泉地が少ないエリアだが、新田義貞や坂上田村麻呂が入湯したとされる温泉など、歴史に残る名湯がある。泉質も風景も選択肢が豊富なのが群馬の温泉地の特徴だ。

県内の温泉の泉質と特徴

◀標高1800mで絶景雲上露天風呂が楽しめるこまくさの湯。乳白色の湯が特徴

利根沼田エリア
谷川岳山麓の水上温泉郷、秘湯の法師温泉、大露天風呂がある宝川温泉など、雄大な自然との調和が見事

◀法師温泉にある秘湯の一軒宿「長寿館」。弘法大師が発見したと伝わる温泉

吾妻エリア
自然湧出量日本一の草津、高所温泉の万座、清流沿いの四万、川の中の露天風呂・尻焼など温泉力が高い

▼わたらせ渓谷鉄道近くにある梨木温泉。標高460mにあり山の湯の趣が深い

西部エリア
『人間の証明』の舞台となった霧積、温泉記号発祥の地の磯部、湖畔の湯である榛名湖など個性豊か

東部エリア
数こそ少ないが、新田義貞の隠し湯として有名なやぶ塚や坂上田村麻呂開湯の梨木など、歴史上の名湯揃い

▲炭酸泉ならではの肌のすべすべ感と、湯冷めしにくい泉質が特徴の磯部温泉

県央エリア
赤城・榛名山麓の温泉地。『万葉集』にも登場する伊香保や関東平野を一望する赤城高原、利根川のほとりの霧島など

▶標高700m付近の榛名山の中腹に位置する伊香保温泉は、湯の町情緒豊かな町並みが特徴

（地図内ラベル）
宝川 / 尾瀬 / 谷川 / 水上駅 / 水上 / 法師 / 猿ヶ京 / 四万 / 湯宿 / 沼田駅 / 老神 / 利根沼田エリア / 草津 / 関越自動車道 / 万座 / 川原湯 / 吾妻エリア / 水野上 / 赤城 / 霧島 / 梨木 / 東部エリア / 草津口駅 / 伊香保 / 渋川駅 / 長野原駅 / 榛名湖 / 霧積 / 北陸新幹線 / 県央エリア / 桐生駅 / やぶ塚 / JR両毛線 / 横川駅 / 磯部 / 高崎駅 / 前橋駅 / 伊勢崎駅 / 妙義 / 群馬藤岡駅 / JR高崎線 / 西部エリア / 上信越自動車道 / JR八高線 / JR上越線・JR吾妻線 / 北関東自動車道 / 東北自動車道

0　10km

森林と川に恵まれた群馬県 "関東の水がめ"と呼ばれる ダム王国の役割と恩恵

利根川水系にある品木ダム▲

群馬県が担うダムの役割

県の面積の約3分の2が森林という豊かな群馬県には、山間に造られたダムが全部で48あり、その貯水量は、関東地方にある全ダムの貯水量の4割に当たるといわれる。その多くが利根川水系の河川に設けられたダムだが、最上川水系丹生川にある丹生ダム、信濃川水系中津川にある野反ダムのように、利根川水系以外のダムもある。

P35で示したように、県内のダムの水は、関東の約3055万人に飲料水を供給し、"関東の水がめ"と呼ばれる。一方、上毛かるたに「理想の電化に電源群馬」と詠まれているように、昭和初期からダムを利用した水力発電が行われ、県内42カ所の水力発電所の電力は、2023年3月時点で、東京電力管内の水力発電の約3分の1に当たり、地域内トップの約283万kWに及ぶ。まさにダム王国。温室効果ガスを排出しないクリーンエネルギーとしての水力発電への注目度は高まる一方だ。

ダムの種類と地域貢献

ダムにはいくつか種類があり、最も多いのがダム堤体の自重によって水圧などの外力に抵抗して貯水機能を果たす重力式コンクリートダム。同じコンクリート製でも円弧や放物線などの形を利用して外圧に抵抗するアーチ式、土（アースダム）や岩石（ロックフィルダム）を盛り上げて造るフィルダムが代表的。水をせき止めるための鉄筋コンクリート製の

理想の電化に
り電源群馬

▲昭和22年（1947）に発行された上毛かるた（☞P112）で、すでに群馬県の電力供給力の高さについて触れられている
（上毛かるた：許諾第05-02031号）

▲四万川ダムにあるダム湖の奥四万湖は、四万ブルーと呼ばれるエメラルドグリーンの水が印象的。四万温泉の奥まったところにあり、湖の周りには1時間ほどの散策コースが整備されている

遮水板を控え壁（バットレス）で支えるのがバットレスダム。現在、日本には6カ所しかなく、昭和6年（1931）に利根川水系片品川に造られた丸沼ダムはその一つ。この形式では日本最大規模で土木学会選奨の土木遺産にもなっている。

また、地方自治体の推薦と財団法人ダム水源地環境整備センターの認定によって選出されるダム湖百選に、群馬県のダムが6カ所も選ばれている。緑豊かな山間部にあるだけに、風景の素晴らしさは重要な選出ポイント。一方、群馬県は、国土交通省所管の直轄ダムや水資源機構ダムを対象に、ダム水源地域ビジョンを策定した。これは治水と利水のみが目的だった従来のダムの在り方に対し、21世紀にはそれらに加え、ダムを地域活性化の核にすべき、という考えを盛り込んだ施策だ。ダム湖や森林を心身リフレッシュの場とし、ダム祭りやダムカードの認知度を高めるほか、ダムカレーなどで地産地消の動きを活性化させようというのもその一環。大自然の中にあるダムの見方を変える時かもしれない。

群馬県で見られるダムの種類

重力式コンクリートダム

神流川（かんながわ）にある下久保ダムは、非常に珍しいL字型。総貯水量1億3000万㎥は、県内2位。ダム湖の神流湖は、ダム湖百選にも選ばれている

アーチ式コンクリートダム

利根川の奥利根川にある矢木沢ダム。堤高131m、堤頂長352mで、総貯水量2億430万㎥は、県内1位。利根川水系ダムのシンボル的存在

ロックフィルダム

湖面標高1514m、ダム湖百選に選ばれた野反湖にある野反ダム。粗石積の表面に鉄筋コンクリートフェイシングを施した日本に3種しかない形式

アースダム

丹生ダムがある丹生湖は、妙義山の山影を映すほか、春には湖畔の桜やしょうぶ園が見どころに。ヘラブナやワカサギの放流も行われている

バットレスダム

堤高32.1m、堤頂長88.2mの丸沼ダム。日光国立公園の菅沼と大尻沼の間にあるため、ダムだけでなく、周辺の自然散策も楽しめる

7段の段丘と朝霧がシンボル
圧倒的な美しさを誇る
沼田の河岸段丘

沼田城跡の中腹まで続く団子坂（トンネル坂）▲

約20万年の時を刻む段丘

赤城山や雨乞山、武尊山、子持山など数々の山々に囲まれた沼田盆地。その北東から南西に向かって流れる片品川が利根川と合流するあたりに見られるのが、広大な河岸段丘だ。

約20万年前、南へと流れていた川が、赤城山の火山噴火による火砕流でふさがれ、古沼田湖と呼ばれる広大な湖となった。5万年ほどすると上流からの泥や砂礫で湖は埋まり、沼田湖成層と呼ばれる泥・砂礫層がつくられた。さらにその5万年ほど後、赤城山から多量の砂礫が流れ出し、沼田湖成層を覆って、

段丘断面図

赤城火山麓
扇状地

Nu
Ik
KaI
KaII
KaIII
←L→ ←L→
KaIII
KaII
KaI
Ik
Nu

片品川

段丘面

Nu	沼田面	Ik	伊閑面	KaI	貝野瀬 I 面
KaII	貝野瀬 II 面	KaIII	貝野瀬III面	L	低地面

※低地面内には複数の段丘が見られる

片品川の両岸にかかる段丘面を表したもの。約7段あるとされ、それぞれに名前がつけられた。同じ川で同時期に形成されたものだが、上流の名称を持つ段丘面もある
（参考：沼田市観光協会HP）

扇状地を形成。湖はこの頃、広い扇状地に姿を変えた。その後、河川が流れ込んで地表を浸食し、深い谷地形を形成しながら、利根川や薄根川、片品川がつくられていったという。

この浸食で削り残された部分が高い沼田台地となり、低地の川との間に美しい河岸段丘を生み出したのである。台地の高所と、低位の河岸段丘面との高低差はおよそ100m。雨乞山の頂上などから、その美しい段丘の全容が見られ、その姿は日本でも稀な光景として、多くの教科書にも紹介されている。

武将も目をつけた高台の地

片品川とほぼ平行するように台地を挟んで北側を流れるのが薄根川だ。薄根川が利根川

ここが河岸段丘

▲河岸段丘のビューポイントの一つ、利根沼田望郷ライン展望台から見る沼田市の市街地

と合流する手前、沼田台地の北西端にあたる高台に、天文元年（1532）、沼田顕泰によって建てられたのが沼田城である。その後、越後の上杉氏、小田原の後北条氏、甲斐の武田氏など三勢力がぶつかる最前線となり、城は天正8年（1580）、真田昌幸によって攻略され、徳川幕府に領地を没収されるまで真田氏の属城として重要な役目を担った。五層の天守閣をもつ城は「天下の名城」といわれた。

その沼田城跡を北西端にもつ台地は、眺望が素晴らしく、眼下には沼田市砥田町の市街地、正面には周囲の山々を一望できる。当然ながら坂や階段が多く、勾配がきつい瀧坂、湾曲が多い榛名坂、途中にトンネルがある団子坂（別名トンネル坂）など、枚挙にいとまがない。この高低差により、朝晩の寒暖差が激しくなる秋には、霧が発生しやすくなり、名物の"沼田霧"が漂う絶景が見られる。

▲秋でも前日に雨が降ったり、夜間に弱い放射冷却が起こったり、さらに朝に微風が吹いたりと、いくつかの条件が揃うと幻想的な沼田霧を見ることができる

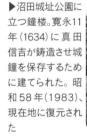

▶沼田城址公園に立つ鐘楼。寛永11年（1634）に真田信吉が鋳造させ城鐘を保存するために建てられた。昭和58年（1983）、現在地に復元された

▲関越自動車道の昭和村と沼田市を結ぶ片品川橋は、橋長1034m、最大橋脚高69m。昭和60年（1985）完成

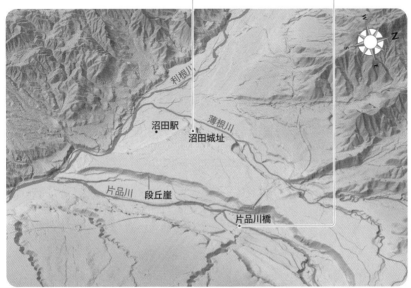

沼田駅
薄根川
沼田城址
利根川
片品川
段丘崖
片品川橋

◀黄緑色部分が低地で、黄色が台地として残った標高が高い部分。その境界が河岸段丘

（参考：地質情報ポータルサイト「群馬県：沼田市付近の河成段丘」）

ともにレベル1の活火山
1つの県内にある
2つの"白根山"の素顔とは

渋峠から見た草津白根山。
山肌には白い
噴煙が見られる▶

強酸性の火口湖を持つ
草津白根山

　県の西、長野県との県境にある草津白根山は、標高2171mの本白根山、2160mの白根山、2109mの逢ノ峰を中心とした山々の総称。8500年前と3000年前に溶岩を噴出する噴火があり、有史以降では文化2年（1805）から昭和58年（1983）まで、数年から十数年おきに小中規模の水蒸気噴火を繰り返してきた。2018年には35年ぶりに小規模の水蒸気噴火を起こした。以来、北西部や湯釜で、火山性地震や地殻変動が観測されているが、活火山のレベルは1を保っている。

　県内にある5つの活火山の1つ、草津白根山は非対称に成長した成層火山*。特徴は、山頂付近に複数ある火口の1つで、エメラルドグリーンの水を湛える湯釜だろう。火口のなかでは最大で、直径約300m、水深約30m。火山活動によって火山ガスや熱水が湖底の噴出孔から放出され、それらが高濃度の塩化物イオンや硫酸を含むため、pH1という世界有数の強酸性の湖となっている。酸の起源は地下のマグマで、強酸性の草津温泉や万座温泉が近いのもそのため。山肌が白いのも、地下で岩石が酸性の水と反応し、白っぽくなるか

▲草津白根山のシンボルともいえる湯釜。白い岩肌の火口壁とエメラルドグリーンの湖水の対比が美しい

▲草津白根山の主峰である本白根山では、高山植物の女王といわれるコマクサが自生する

◀雄は頬から首にかけて赤い色が特徴のウソ。針葉樹林で繁殖する渡り鳥。夏に見られる

*　成層火山とは、溶岩や火山砕屑物、岩片などが交互に堆積してできた火山で最も一般的な火山の形態。急峻な円錐形をなすことが多い

らだ。

また、湯釜から70mほどしか離れていない弓池が通常の水の色なのは、雨水や雪解け水が基本となっているため。湯釜には鉄イオンや硫黄、その他の鉱物の微粒子が含まれ、太陽光が湖水に入斜するときにそれらに反射して、独特な色となる。しかし、湯釜も100年前は弓池のように魚が生息していた記録があり、その後の活発な火山活動の結果、現在のような水質に変化したのだという。

関東以北最高峰を誇る 日光白根山

県の北、栃木県との県境にある日光白根山は、山自体は成層火山だが、最高峰の白根山（奥白根山）は標高2578mで、関東以北では最も高く、直径約1000m、高さ約300mの溶岩ドームとなっている。周辺には、標高2373mの前白根山、2317mの座禅山、2379mの五色山、2410mの白根隠山の外輪山を従える。6000年前以降に6回以上の噴火活動があり、現在の山容になったのは、6000年前から3000年前までの間の噴火によるものと考えられている。有史以降では、慶安2年（1649）の噴火で直径約200m、深さ約10mの新たな火口ができ、明治5年（1872）の噴火でも直径約200mの火口が形成された。最近の噴火は明治22年（1889）で、それ以降、地震や噴煙は観測されているが、噴火はみられない。

山の特徴は、日光国立公園にも指定されているように、山頂から尾瀬や新潟の山々、北アルプスから富士山まで、360°のパノラマが展開することと、山間に五色沼や弥陀ヶ池、菅沼などの美しい湖沼が点在していること。

▼鉱物の微粒子によってエメラルドグリーンに輝く五色沼と日光白根山。初心者にも人気のトレッキングルートだ

そしてシラネアオイやガンコウランなどの高山植物の宝庫である点だ。ただ、近年はニホンジカによる植物の食害が懸念されている。

この山は文化的視点も見逃せない。奥白根山や前白根山は、世界遺産となっている日光二荒山神社の神域にあり、奥白根山は男体山の奥の院ともいわれ、日光修験の修行地となっていた。西の登山口でもある白根山ロープウェイ山頂駅の近くには、分霊した日光二荒山神社もある。

◀ニホンジカによる食害が山頂付近まで及んでいる。草花を食べるだけでなく、蹄による踏み付けによる被害も大きい

◀ニホンジカが好物としないシロバナノヘビイチゴ（写真）やハンゴンソウなどの生育が目立つ

◀日光白根山が名の由来となっているシラネアオイ。弥陀ヶ池などで自生する。開花時期は5〜6月

外国人が住みやすいと絶賛！インターナショナルタウン大泉町は多文化共生の町

東西約5km、南北約6kmの
町を担う大泉町役場▲

人口増加が続く町

　2022年末時点で、日本在住の外国人の割合は、全人口の約2%。ところが、邑楽郡大泉町における、2023年3月31日時点での在住外国人の割合はなんと19.75%。町には、ポルトガル語の看板があふれ、多言語が飛び交う。ブラジル料理やベトナム料理などエスニック料理店が軒を並べ、その味は住民だけでなく観光客が押し寄せるほどのおいしさ。日本人経営のスーパーマーケットにも、ブラジルやペルーの飲料水や食品が並ぶなど、2018年の売上の10〜15%を外国人利用客が占めたという。

大泉町在住の外国人数（2023年3月31日時点）

カンボジア 177人
その他 785人
ボリビア 188人
インドネシア 239人
フィリピン 305人
ネパール 405人
ベトナム 437人
ペルー 1094人
合計 8247人
ブラジル 4617人

（参考：大泉町観光協会）

▲1位ブラジル、2位ペルー、3位ベトナム。2020年と2018年は、1、2位は変わらず、3位がネパール。2020年には7位だった中国が、2023年には上位8カ国に入らなかった

　昭和32年（1957）に小泉町と大川村が合併して誕生した大泉町の面積は、県内の35市長村で最小の18.03㎢。それに対し、人口は県内13位の4万人超え。世帯数は11位だ。町が誕生してから6年後に、2万人ほどだった人口は増加の一途をたどり、60年後には2倍に膨らんだ。いったいどうしてなのか？

　そもそもこの町には、戦前から飛行機工場があり、その優秀な製造技術を生かして、富士重工業（現・SUBARU）や三洋電機（現・Panasonic）などの大手企業が進出し、機械の組み立て工場が活況を呈していた。バブル期に企業が大躍進する中、人手不足は深刻に。安定的な外国人労働者の受け入れを望んだ経済界の要請を受けて、国が入管法*の改正を実施し、定住者の在留資格を創設したのが、

▲安心して暮らせる環境があり、地元住民との結びつきも強いため、定住を決める外国人が多い。「日本のブラジル」と呼ばれるほど、ポルトガル語の看板が多く見られる

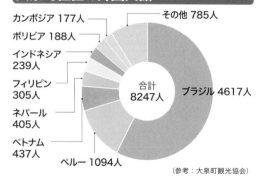

平成2年（1990）のこと。それにいち早く対応したのが大泉町だった。

多文化共生を実現

　町は、雇用促進の組織を設立し、地域生活へのサポートや地元住民とのつなぎ役を担った。翌年には早くも町内のゴミステーション用のゴミ袋にポルトガル語表記を採用。平成4年にはポルトガル語版の広報紙「GARAPA」を発行するなど、スピード感ある施策を講じたのである。

　教育面でも、ブラジル人学校と日本人学校の両方を創設した。90年代に季節労働者として来日して以来、安心な暮らしの中で定住を希望する人が多かった。そのため家族ができ、子供たちが増え、さらに次世代の増加にもつながった。その子供たちが通う学校として、ゆくゆくは母国に帰りたいという人は、ブラジルの教育制度を採用したブラジル人学校を、日本に住むことを希望する場合は日本人学校を選択できる仕組みを整えたのだ。現在は48カ国ほどの外国人が暮らすため、学校内で疎外感を味わうこともなく、みな健全に学業に専念できるというメリットがある。

　また、飲食店や食料品店、衣料品店や美容院など、エスニック・ビジネスを展開する店は、2018年10月の調査で112店舗。その多くが日本人向けに日本語を表記するなど、互

いの交流を重視しているのがわかる。

　「日本のブラジル」といわれるだけあり、1991〜2001年はサンバパレード、2007〜2017年は、サンバを披露する大泉カルナバルを開催。現在は地元住民に人気の大泉まつりにサンバが登場している。町の観光協会もインターナショナルタウンを前面に打ち出したPRを行うなど、多文化共生の志は見事に成果を上げている。

◀2007年から10年間、毎年開催されていた大泉町版サンバカーニバルともいえる「大泉カルナバル」
（写真：観光ぐんま写真館）

▶毎年7月末頃に開催される大泉まつりでは、山車や神輿のほか、ミニサンバショーやネパール舞踊などが披露され、各国のエスニック料理も提供される
（写真：観光ぐんま写真館）

▲延徳元年（1489）築城の小泉城の跡地にある城之内公園。約210本の桜が咲く緑豊かな園内には、小動物園や遊戯施設もあり、日本人と外国人の憩いの場になっている

◀ブラジル料理店では、シュラスコなど本場の味が楽しめる。おいしさの評判を聞き、遠方から来る観光客も多い。ネパール料理店やベトナム料理店も人気だ

シルクカントリー群馬が
世界に誇る宝
一大産業となった絹遺産

群馬の絹は、世界中の
「シルク」の概念を変えた▲
（写真：観光ぐんま写真館）

群馬の絹産業の歴史

世界遺産「富岡製糸場と絹産業遺産群」（☞P8、74）はあまりにも有名だが、ほかにも県内にはほぼ全域といっていいほど広範囲に絹産業の証しが点在している。県知事はそれらを県の宝物として「ぐんま絹遺産」とした。

8世紀中頃に新田郡（にった）で作られた絹が正倉院に貢納されたほど、群馬の絹産業の歴史は古い。新田郡とは現在の太田市、みどり市、伊勢崎市の各一部にあたる地域。山が多い群馬県は稲作に適した土地が少ないため、奈良時代頃から斜面地を利用した桑の栽培が盛んとなった。江戸時代に国内需要が高まると、県

吾妻地区

◀養蚕農家が並ぶ山村が多く、赤岩地区（写真）は、「六合赤岩養蚕農家群」として国の重要伝統的建造物群保存地区にもなっている
（写真：観光ぐんま写真館）

みなかみ町
片品村
川場村
中之条町
沼田村
昭和村
草津町
高山村
みどり市
嬬恋村
東吾妻町
渋川市
桐生市
長野原町
吉岡町
前橋市
桐生市
榛東村
玉村町
安中市
高崎市
伊勢崎市
邑楽町
下仁田町
富岡市
太田市
館林市
南牧村
甘楽市
大泉町
板倉町
神流町
藤岡市
千代田町
明和町
上野村

0　10km

利根沼田地区

▲養蚕に不可欠で、"養蚕の神"とされる薄根の大クワ（☞P39）や利根風穴、養蚕農家が点在。写真の蚕神塔（さんじんとう）は明治9年の造立

西毛地区（せいもう）

▲富岡製糸場や日本初の組合製糸である旧碓氷社本社事務所をはじめ、荒船風穴（☞P9）や高山社跡（こうずけ）（☞P9）など近代化の象徴や上野鉄道の鬼ヶ沢橋梁が残る

県央地区

▶写真の蚕糸記念館は、明治45年に国立原蚕種製造所前橋支所事務棟として建てられた建物。世界遺産の田島弥平旧宅があり、倉庫も多い

東毛地区

▲関東平野が広がる桐生や伊勢崎には、織物工場が目立つ。写真は、桐生の織物業を象徴する建物が並ぶ桐生新町重要伝統的建造物群保存地区

内各地で生産が進み、特に桐生は、「西の西陣、東の桐生」といわれるほど高級織物産地として知名度を上げた。明治時代に富岡製糸場でフランスの技術が導入されるとさらに発展。

評判は世界にも広まった。19世紀半ば、欧州全土に蚕の病が広がり、絹織物産業が大打撃を受けたときのこと。フランスの絹織物産業の一大産地、リヨンも窮地に立たされた。それを救ったのが日本の上質で病気に強い蚕だった。リヨンは日本から蚕と生糸を輸入し、見事に復活したのだ。また、第一次世界大戦後、欧米、特にアメリカでシルクのストッキングの需要が伸び、群馬県の生糸も大量に輸出された。それらの一端を担ったのが富岡製糸場であり、県内の絹産業施設だった。

地域で異なる絹産業

群馬の絹産業の特徴は、地域ごとに分業化が顕著であることだ。江戸時代後期には、すでに養蚕・製糸・織物業が地域的に分業化されていた。吾妻地区や利根沼田地区では主に養蚕、赤城山南麓の安中や富岡などは製糸、桐生や伊勢崎、館林などの東毛地区は織物が盛んで、絹の生産に関する三業(養蚕・製糸・織物)がすべて揃い、生産量・品質とも全国トップを誇った。日本の絹産業の規模が縮小する現在でも、養蚕農家数、繭生産量、生糸生産量は、依然として全国1位を保っている。

群馬の絹産業の発展に拍車をかけたのは、鉄道網の整備だ。鉄道開通以前は利根川などの舟運を利用していたが、明治5年(1872)に新橋—横浜間の鉄道が開通すると、"日本初の私鉄"第1期線として、明治16年7月に高崎線の上野—熊谷間、翌年には高崎—前橋間が開通し、上野—前橋間が全通。明治30年に

は上野鉄道の高崎—下仁田間が全通した。鉄道開設の目的は群馬の生糸や絹織物を貿易港横浜まで運ぶためで、結果、絹産業は世界への道を開くことになったのである。

古くから絹産業が盛んな上州(群馬県)では、女性が養蚕・製糸・織物で家計を支え、近代でも製糸工女や織手として活躍してきた。夫たちは、「おれのかかあは天下一」と呼び、「かかあ天下」が、上州名物になるとともに、現代では内に外に活躍する女性像の代名詞となった。絹産業は女性の地位も上げたのである。

◀18世紀末頃建造の中之条町の冨沢家住宅。2階に専用蚕室がある国内最古級の養蚕農家
(写真：観光ぐんま写真館)

▶昭和3年(1928)に、生糸の町前橋から織の町桐生へ生糸を運ぶため、前橋—西桐生間に開通した上毛電気鉄道の大胡駅

◀桐生にあるのこぎり屋根の織物工場。一日中安定した明かりを取り込み、騒音を抑えるなどの効果があるため、織物工場で多く用いられた形式
(写真：観光ぐんま写真館)

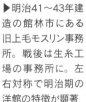

▶明治41〜43年建造の館林市にある旧上毛モスリン事務所。戦後は生糸工場の事務所に。左右対称で明治期の洋館の特徴が顕著

飛行機王が活躍し、自動車スバル360を生んだ群馬の底知れぬ技術力

群馬生まれのラビットスクーター▲

大戦を支えた中島飛行機

　第二次世界大戦の最中、アメリカ軍のB29部隊が9回にわたって爆撃をくり返し、徹底的に破壊したのは、東京都武蔵野町（現・武蔵野市）にある中島飛行機武蔵製作所だった。東京ドーム約12個分の広さに、最盛期には5万人が24時間体制で働く航空機エンジンの製造工場である。爆撃機数はのべ505機、投下された爆弾は2602.5tといわれる。なぜ、そこまでアメリカ軍はこの工場を狙ったのか。

　大戦中の陸軍の主力戦闘機の大半を生産していたのが、中島飛行機*だった。それだけではない。海軍の戦闘機は三菱重工業のものが主体だったが、昭和15（1940）年からは、"零戦"こと「零式艦上戦闘機」が主力戦闘機となり、そのエンジンを担っていたのが、中島飛行機製の空冷星形14気筒「栄」だった

▶中島知久平（1884-1949）は、会社設立後の昭和5年以降、衆議院議員として連続5回当選。第1次近衛内閣や東久邇宮内閣で鉄道大臣や軍需大臣（後の商工大臣）を歴任した

◀中島知久平が両親のために太田市の生家近くに建てた敷地面積約1万㎡の邸宅。国の重要文化財。築地塀の中に、主屋や土蔵、門衛所に氏神社が立つ。現在は一部が地域の交流センターに

のだ。さらに中島飛行機は、機体の生産も請け負い、終戦までに零戦の6割以上を生産。大戦中、航空機体生産数のシェアは中島飛行機が28%、三菱重工業は18%。エンジン生産は中島飛行機が31.3%、三菱重工業が35.6%。アメリカ軍から見れば、中島飛行機の工場をなきものとすることが、勝利への近道と考えたのだろう。

　中島飛行機が、航空機のみを生産するベンチャー企業として設立されたのは、大正6年（1917）、群馬県新田郡尾島町、現在の太田市である。

飛行機を造る夢から自動車へ

　中島飛行機創設者の中島知久平は、明治17（1884）年、農業を営み副業として養蚕や藍の仲買をする中島家の長男として生まれた。

＊大正6年に中島飛行機製作所に商号変更の後、昭和6年に中島飛行機株式会社に改称

尾島尋常高等小学校を卒業後、群馬県尋常中学校新田分校（現・県立太田高等学校）への進学を望んだが、農家に教育は不要という親の意向に納得がいかず、出奔して上京し、軍人の道を選んだ。海軍大学校の専科学生となった明治44年、気球・飛行機研究組織「臨時軍用気球研究会」の研究員となり、翌年、海軍航空術研究委員会のメンバーとして渡米。そこで航空機修理技術を習得すると、大正3年には、航空事情視察のためフランスへ出張。これらの経験を通して、戦時における飛行機の重要性を認識し、「飛行機を大空に飛ばす」という夢に向かってひた走ることになる。

退役する2カ月前、わずか9人で「飛行機研究所」を設立し、翌々年に中島飛行機製作所と改名。大正8年に試験飛行に成功したのを機に、陸軍からの受注が始まり、大正13年には、東京府豊多摩郡にエンジン工場を創設。総合航空機メーカーとして発展した。

小惑星イトカワの名の由来となった、「日本の宇宙・ロケット開発の父」である故・糸川英夫博士も、中島飛行機の社員だった頃、九七式戦闘機や一式戦闘機「隼」などの設計に従事している。

終戦によりGHQの命で会社は解体させら

▼日本海軍で最も代表的な戦闘機“零戦”のエンジンを開発。最も多い52型のエンジンは1130馬力。全長9.12m、全幅11m、最高速度時速564km、航続距離1920km

れたが、戦禍を免れた機械や工場を母体として、技術者たちがリヤカーや自転車の生産を開始。終戦の翌年にはラビットスクーターを完成させ、昭和28年、富士重工業株式会社（現・SUBARU）として再出発を果した。昭和33年には航空機用エンジンの技術を使った名車スバル360を生み、高度成長期に太田市を一大工業都市へと導いた。

2016年、県は「ぐんま航空宇宙産業振興協議会」を設立。かつての地場産業の振興に取り組み始めた。中島飛行機の技術と熱意は、70年以上を経た21世紀に蘇ろうとしている。

▲太田市にあった大正時代の中島飛行機製作所本社。中島飛行機は昭和16年からの5年間に、機体約2万、発動機3万以上を製造。零戦は、中島飛行機なくしては、存在し得ない飛行機だった

▲昭和33〜45年までに約40万台が生産されたスバル360。航空機技術を応用した超軽量構造で、廉価で実用性も高く、日本初の国民車といわれた。「マイカー」という言葉を生み、その概念の浸透に一役買った歴史に残る名車だ

下仁田ネギに高原キャベツ…
太陽と水と標高差に恵まれた
"野菜王国・ぐんま"

果物では全国2位の
生産量を誇るウメ▶
（写真：観光ぐんま写真館）

野菜生産に適した環境

　興味深い調査結果がある。農林水産省による2019年度の都道府県別食料自給率を見ると、群馬県はカロリーベースの自給率は32％で全国32位だが、生産額ベースだと19位。カロリーベースが全国平均の38％より低いのは、カロリーが低い野菜や計算上カロリーが低い（飼料の大半が輸入）畜産物の生産が盛んであることを示している。ちなみに2021年の野菜のみの産出額は全国6位だ。

　野菜の生産が盛んなのにはわけがある。水資源が豊富なうえ、耕地が標高10〜1400m

の間に分布しているためだ。低地で採れる野菜と高地で採れる野菜はまったく異なるため、野菜の種類も必然的に多くなる。また、首都圏まで約100kmという地理的環境も有利な立地条件。関越・上信越・北関東自動車道など高速道路網が整備されており、採れたて野菜を新鮮なうちに首都圏の食卓に届けられるため、首都圏からの需要が高い。

　左下の図でもわかるように、野菜では、キャベツが県全体の農産物産出額の9％と高く、夏秋キャベツの出荷量にいたっては、53年間全国1位を保つ。2021年から2年連続1位に輝いたのはホウレンソウ。2020年の県の調べでは、キュウリとエダマメが全国2位、ナスとレタス、シュンギクが全国3位と、日常に欠かせない野菜が生産量上位を占めている。

個別農産物構成比

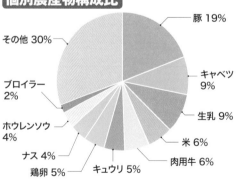

- その他 30%
- 豚 19%
- キャベツ 9%
- 生乳 9%
- 米 6%
- 肉用牛 6%
- キュウリ 5%
- 鶏卵 5%
- ナス 4%
- ホウレンソウ 4%
- ブロイラー 2%

▲群馬県の調査による2020年の農業産出額の1位は、豚肉。飼育戸数は減少傾向にあるが、飼養頭数は増加している。食卓に上がる頻度の高い野菜の生産高が高いのも特徴だ

▲2020年の調査では、農業集落数が1964集落あるなか、農産物直売所数は1093施設。地域ごとに新鮮な野菜を提供する場所が多いのも群馬県の魅力（写真：観光ぐんま写真館）

▼▶浅間山、草津白根山、吾妻山などに囲まれた嬬恋村は、約30km南東の軽井沢にも勝る避暑地。その気候が甘くておいしいキャベツを生む
（写真上：観光ぐんま写真館）

◀▼地元のスーパーマーケットでもなかなか見かけることができないほど貴重な下仁田ネギ
（写真上：観光ぐんま写真館）

おいしさにも定評がある

53年間全国1位を維持しているのは、嬬恋村のキャベツだ。標高700〜1400mの高原地帯で、6〜9月の気温が15〜20℃と涼しく、キャベツの生育には最適。年間雨量が多いため、水を必要とするキャベツの栽培に向いている。また、火山灰を含む排水のよい栄養豊かな黒い土壌もキャベツの栽培向き。標高が高く、朝晩の気温差が大きいため甘くなり、高原の朝露のおかげでみずみずしくなるのが、嬬恋高原キャベツの特徴だ。

群馬県といえば地名を冠した「下仁田ネギ」が有名だ。甘楽郡下仁田町とその周辺で栽培される根深な夏型ネギのこと。白根の長さが15〜20cm近く、直径は4〜5cm。一般のネギより明らかに太い。生では辛味が強すぎて食べづらいが、熱を通すとやわらかくなり、独特の甘みが出て、鍋物と相性抜群の食材となる。下仁田以外で栽培されているのは、高崎市や藤岡市、富岡市、安中市と甘楽町の限られた地域でのみ。それゆえに貴重だ。

農林水産省の調査が始まった昭和33年（1958）以来、65年間全国1位を維持しているのはコンニャクイモで、全国生産量の約97％のシェア。そのうち75％が北部エリアで生産される。群馬県が適しているのは、火山灰が積もった深く水はけのよい耕地が広がっていることと、日照時間が多いことが理由にあげられる。10〜3月の日照時間は全国2位（2021年）。まさに野菜王国・ぐんまである。

◀▲苗付けから収穫までに2〜3年はかかるというコンニャクイモ。"あかぎおおだま"という品種が病気に強く、県内生産の8割を占める

横川—軽井沢間11.2km
標高差552.5mを登った
碓氷峠の鉄道物語

「アプトの道」
トンネルの先はめがね橋▲

峠の鉄路の変遷と隧道番

　群馬県安中市松井田町坂本と長野県北佐久郡軽井沢町の境にある碓氷峠は、古代より坂東と信濃の国をつなぐ最大の難所だった。江戸時代になると中山道が整備され多くの人や物が行き交った。

　明治5年（1872）新橋—横浜間に日本最初の鉄道が開業し、のちに東京と大阪を結ぶ幹線鉄道が計画され、一度は中山道ルートが採用され建設がはじまったが、碓氷峠に阻まれ、幹線鉄道は東海道ルートに変更された。しかし中山道ルートは太平洋側と日本海側を結ぶ本州横断鉄道の一部という位置づけに変更され、建設が進み直線距離で約11km、標高差約553m、66.7‰という急勾配の碓氷峠を26のトンネル、18の橋梁で克服した。横川—軽井沢間が開業し信越線が全線開通したのは明治26年（1893）のことだった。

　急勾配を克服するために採用されたのが、ドイツの登山鉄道で使われていたアプト式鉄道だった。線路の中央にノコギリ型のラックレールを置いて、機関車に取り付けた歯車をこれにかみ合わせてのぼりおりする方式だ。

　開業はしたものの、超急勾配に造られた26ものトンネルを、煙を吐く蒸気機関車が牽引する列車で越えるのは、煤煙が車内に入り機関士も乗客も呼吸困難になるわ煤だらけになるわで至難のことだった。煙害を少しでも回避するために考えられたのは、トンネル入口に排煙幕を取り付け、列車が通過するたびに、幕を開け閉めする方策だった。

　排煙幕は26カ所のうち20のトンネルに設置されていた。トンネル脇には、「隧道番」と呼ばれた幕引き掛の鉄道職員が家族とともに暮らし、1日交代で昼夜を問わず24時間勤務していた。隧道番は、列車がトンネルに入るとトンネル内に外気が入らないよう幕を引いて、真空に近い状態にして煙を滞留させ、列車が煙の前を進むようにし、列車が通過すると幕を開け煙を外に逃がした。かつて父親が隧道番で、貨物列車に便乗して麓の小学校に通ったという方の話を聞いたが、幕を引く時

▶絵はがき「碓氷峠トンネル」明治30〜40年代
第11と12号トンネルの間に立つ隧道番とその子供たち（写真：鉄道博物館）

▼横川機関区（写真：真島満秀）

は「機関車にかぶせるように幕を引く」と語っていた。山中に暮らす隧道番の家族にどんな多くのドラマがあったことだろうか。

隧道番の働きはあったが、機関士や乗客が窒息する危険が大きく電化が急がれた。火力発電所や丸山変電所、矢ヶ崎変電所などが建設され、明治45年（1912）に電化（日本初の幹線電化）が完成。日本初のアプト式電気機関車の運行が開始された。

物資や乗客の輸送量は増大し昭和38年（1963）に新線が建設され、ラックレールを用いたアプト式は廃止され、峠のシェルパといわれた重くて強力なEF63型電気機関車が投入された。

新線は昭和41年（1966）に複線化され、横川駅で前後に機関車を連結した列車が峠をのぼりおりする時代が続いた。機関車の付け替えのための停車時間があったため、人気になったのが横川駅の駅弁「峠の釜めし」（☞P110）だ。

しかし、こうした信越本線碓氷峠越え鉄道の歴史は、平成9年（1997）の長野（北陸）新幹線開業とともに幕を閉じた。

明治の鉄道は「アプトの道」に

26のトンネルと18の橋梁を建設し、わずか1年半の工期で開通した横川―軽井沢間で、

今なお美しい姿を見せている日本最大級のレンガ造アーチ橋。通称めがね橋といわれる第三橋梁をはじめ、旧線には大量のレンガが使われている。多くのレンガは、日本煉瓦製造会社（現・埼玉県）が納入したもので、そのほかにも長野県の小諸や長野からも納入された。レンガを含む建設資材は、先に開通していた碓氷馬車鉄道によって運ばれた。

新幹線開業によって廃止になった峠の鉄道は今、明治期に開通したアプト式の旧線、昭和に入って単線で開通し3年後に複線化した新線の歴史を体感できる遊歩道「アプトの道」として整備されている。「碓氷峠鉄道文化むら」横の起点から、単線だった時代に列車の行き違いのためにつくられた熊ノ平駅までの5.9kmの区間で、途中では、鉄道遺産を体感できるばかりでなく、景色のよい湖（碓氷湖）や日帰り温泉、新線の廃線を利用したトロッコ列車線などもあり人気のウオーキングコースとなっている。

碓氷峠のトンネル群は、旧北陸線トンネル群、愛岐トンネル群とともに日本三大廃線トンネル群といわれトンネル群や橋梁、変電所施設などの旧碓氷峠鉄道施設は国指定重要文化財となっている。

▶めがね橋の奥、新線を行く特急あさま
（写真：真島満秀）

群馬から新潟へ
技術大国ニッポンが誇る
3本のトンネルとループ線

『雪国』に出てくる国境の
長い清水トンネル

　群馬と新潟の境には、昭和6年（1931）開通の「清水トンネル」、昭和42年開通の「新清水トンネル」、昭和57年に開通した上越新幹線用の「大清水トンネル」の3本があり、並行している。

　碓氷峠越えの難所を克服し開業した信越線だが、輸送力には限界があり、東京と新潟を結ぶ最短路線の上越線建設が計画された。しかし、ここにも難関はあった。上越線を全通させるには、群馬県と新潟県の県境に立ちは

水上―越後中里間のループ線

越後中里駅
松川ループ線
土樽駅
清水トンネル（上越線上り）
新潟県
JR上越線
新清水トンネル（上越線下り）
湯檜曽ループ線
谷川岳
土合駅
関越自動車道
上越新幹線
群馬県
湯檜曽駅
水上駅
大清水トンネル（新幹線）
0　　　5km

県境にある3本のトンネル。上から古い順で、新しいほどトンネルが長い

だかる碓氷峠にも匹敵する山岳地帯、谷川岳をはじめとする折り重なる県境の山々を越えなければならなかった。高崎と長岡から工事がはじまり、残ったのが水上―越後湯沢間の難所。技術の進歩した鉄道は、この難所を長大トンネルと2つのループ線で克服した。

　トンネル工事は、大正11年（1922）11月から7年の歳月をかけ、昭和4年土合―土樽間に当時日本最長の全長9702mの清水トンネルが貫通した。昭和6年9月、上越線高崎―宮内間が全線開通し、上野―新潟間は、信越線経由より98km短縮された。

　ノーベル文学賞作家・川端康成が小説『雪国』の冒頭に「国境の長いトンネルを抜けると雪国であつた」と書いた長いトンネルこそ清水トンネルだった。川端康成は、開通後の上越線で越後湯沢を訪れ、この時の経験をもとにこの冒頭の文章を書いたそうだ。雪国への思いを抱き、列車に乗った文人が後世に残る名作を生んだ清水トンネルは、経済発展だけでなく文化的にも影響を残した功績は大きい。昭和37年に北陸トンネルが開通するまで、清水トンネルは日本最長トンネルだった。

　戦後の経済復興で上野―新潟間の交通量が増え、上越線の複線化が計画され、新たに掘削されたのが新清水トンネルだ。群馬側のル

ープ線の下にある湯檜曽駅付近から掘削され土合駅を通り、土樽駅手前で地上に出る1万3490mのこれも長大なトンネルで、新清水トンネルと名付けられた。新たなトンネルの完成、複線化によって清水トンネルは上り（東京方面）専用、新清水トンネルが下り（新潟方面）専用となった。

昭和38年に着工し、わずか4年後の昭和42年に完成した新清水トンネルの中には、国鉄初の地中駅（湯檜曽駅、土合駅）が設置され話題になった。

新清水トンネルに次ぐ3本目のトンネル、大清水トンネルは、上越新幹線開業のため上毛高原と越後湯沢間に掘られたトンネルで、昭和54年に貫通した。

全長22,221mで、開業時には世界一長いトンネルだったが、日本国内でも4番目、世界では10番目以下だ。

大清水トンネルの工事中に偶然発見された大量の湧き水は美味しく、国鉄時代ミネラルウォーターとして発売され、今もJR東日本のエキナカ等で販売されている。

勾配を緩和するループ線と日本一のモグラ駅・土合

水上―越後湯沢間の難所越えにあたって、清水トンネルとともに造られたのが、ループ線だった。ループ線とは、勾配を緩くするために線路をループ状に敷設し迂回することによって勾配を緩和させるもので、湯檜曽―土合間に湯檜曽ループ線、土樽―越後中里間に松川ループ線と2カ所が設けられた。湯檜曽駅のホームからループ線を走る列車を見ることができ、車窓からループ線の一部を見ることができる。松川ループは、松川トンネルの

中にある。

かつては谷川岳への登山口として多くの登山者が利用した土合駅は、清水トンネルとともに開業した時は地上駅だったが、新清水トンネルが完成するとトンネルの中に下り線ホームが造られ、土合駅は「日本一のモグラ駅」と言われるようになった。地上にある駅舎、上り線ホームと下り線ホームの高低差は約80mもあって、下り線ホームから駅舎の間には486段もの階段が立ちはだかり、徒歩約10分かかる。

山小屋をイメージした駅舎は昭和42年のもので、現在は無人駅だが、運転事務室でビールを醸造したり、駅務室に喫茶室ができるなど、鉄道遺産を生かした活用がされている。

▲上越線の湯檜曽ループ線の車窓から、下に同じ路線の線路が見える

▲（左）新清水トンネル内にある湯檜曽駅下りホーム。（右）湯檜曽駅の上りホームは地上にある

▶地上駅舎と地下ホームを結ぶ土合駅の階段

群馬から横浜へ生糸や絹織物を運んだ鉄路のシルクロード

現役最古の電車デハ101▲

高崎線開通で横浜に直結

絹産業は養蚕、製糸、織物から成り立っているが、群馬県にはこの3つの産業がすべて揃っている。群馬県の絹産業の歴史は古く、8世紀中頃に新田郡から貢納された絹が奈良の正倉院に残されている。安政6年(1859)の横浜開港以来、主要な輸出品だったのが生糸で、上質な生糸を産出していた前橋から横浜に多くの生糸が運ばれた。嬬恋村出身の生糸商中居屋重兵衛という人物が横浜関内に大きな商店を構え、外国商館と取引し莫大な利益を上げていた。店舗跡には「中居屋重兵衛商店跡」の碑が立つ。

群馬に鉄道が早い時期に開業し鉄道網が充実しているのは、こうした養蚕製糸絹織物の一大産地だったことと関係している。

日本初の民営鉄道会社である日本鉄道が東京と高崎を結ぶ高崎線を計画し、上野―熊谷間が開業したのが明治16年(1883)7月で、高崎・前橋(内藤分ステーション)まで延伸したのが明治17年(1884)。日本に初めて鉄道が開業してから12年後だった。

明治政府は外貨獲得を目的とした殖産興業政策として、生糸や絹織物などの輸出を推進していた。絹産業が盛んだった群馬県から、貿易港である横浜港まで生糸や絹織物などを大量に安く運ぶための手段が必要で、それが鉄道だった。

高崎線開通以前は、川岸まで馬や大八車で運び、養蚕、製糸の盛んな一帯を横断している利根川の水運を利用し、横浜まで3日も4日もかかっていたのが、1日で到達できるようになった。日本の近代化に果たした鉄道の役割は計り知れず、「蚕種」「生糸」「絹織物」の産地と貿易港の横浜、果ては外国へとつながる鉄道は、まさに「鉄路のシルクロード」だった。

両毛線、上信電鉄と上毛電気鉄道

信越線、八高線、上越線などの隣接県を結ぶ鉄道線も、高崎をターミナルとして絹産業の物流を支えたが、県内の主な生産地を結んで集積した「シルク」を横浜に直結する高崎駅に運んだのが、両毛線であり上信電鉄、上

▶国の登録有形文化財の上毛電気鉄道西桐生駅駅舎
(写真：田中光一)

▶上信電鉄下仁田駅

▶登録有形文化財に登録されている両毛線大胡駅の電車庫
（写真：田中光一）

毛電気鉄道だった。

　群馬と栃木を結ぶ両毛鉄道（現・両毛線）は、製糸の町・前橋、銘仙の伊勢崎、西の西陣、東の桐生といわれた絹織物の桐生、足利などを結んで明治22年（1889）に開通。線名は、古代このあたりが「毛野国」といわれ、群馬は上毛野、栃木は下毛野と呼ばれていたので、両エリアを結ぶため「両毛」と名付けられた。両毛鉄道は日本鉄道に譲渡されたのち、明治39年（1906）に国有化され両毛線となる。

　高崎と下仁田を結ぶ上信電鉄の前身は上野鉄道という鉄道で、明治30年（1897）に開業。日本の私鉄では4番目の開業で、法人として存続している最古の私鉄。社名は上州と信州を結ぶ鉄路を目指して付けられたが、いまだに実現はしていない。

　下仁田といえば下仁田ネギとコンニャクが有名だが、かつては有数の蚕糸業の町で、下仁田の奥には世界遺産構成資産である蚕種を保管した荒船風穴があり、途中の富岡には富岡製糸場がある。上信電鉄も沿線で生産された蚕種、繭、生糸を高崎に運んだ鉄路のシルクロードとして活躍した。

　県内を走るもう1本の私鉄・上毛電気鉄道は昭和3年（1928）開業で、前橋の中心街に位置する中央前橋駅を起点として、桐生市内の西桐生駅までを結んでいる。前橋から桐生までは両毛線が通っているが、この路線が織物の町を結んでいるのに対して、上毛電鉄は赤城山の麓を東西に養蚕の盛んだった農村地帯、田園風景の中を走っている。

　上毛電鉄には、実現はしなかったが、伊勢崎—本庄間など群馬と埼玉を結ぶ路線の計画もあり、「鉄路のシルクロード」はさらに広がっていたかもしれない。

　上毛電鉄には開業時のままの鉄道遺産が多く保存されていて、昭和初期の鉄道を感じることができる。西桐生駅駅舎、大胡駅舎、電車庫、変電所、橋梁など多くの鉄道施設が登録有形文化財に登録されている。開業時から走っている昭和3年製造の日本の現役最古の電車デハ101がイベント列車として活躍していて、日本の絹産業がピークだった頃の鉄道の姿を垣間見ることができる。

上毛電気鉄道・上信電鉄路線図

内藤分ステーション跡と
新前橋駅
前橋の駅物語

新前橋駅の駅名標▲

ふたつあった前橋駅

　群馬県は明治17年（1884）と全国でも早い時期に鉄道が開通したところ。前橋市が県庁所在地で、代表駅は前橋駅だが、前橋駅が最初に開業した場所は、現在とは違う利根川の西岸だった。明治17年に高崎から延伸してきた日本鉄道は、市街地は川の東岸だったが、当時鉄橋を架けるのはとても困難な事業で時間がかかったため、川の手前に駅を設置し開業を急いだのだ。

　初代前橋駅の置かれた場所は、利根川の西岸、内藤分村（現在の前橋市石倉町）だったため、この初代前橋駅は当時の地名から「内藤分停車場」「内藤分ステーション」と呼ばれていた。平成元年（1989）、この場所に「内

藤分ステーション跡」の碑が建てられた。碑文を見ると、日本で3番目の鉄道が開業し、前橋ステーション（通称・内藤分ステーション）が前橋の表玄関として設置されたと記載されている。

　碑のすぐ近くには、蒸気機関車C58の動輪が展示され、ステーション跡の解説板などが「前橋ステーション跡を保存する会」によって設置されている。

　利根川にようやく鉄橋が完成し、日本鉄道は橋を渡って、明治22年11月に両毛鉄道が開業させていた現在の前橋駅に乗り入れし、明治22年12月、日本鉄道前橋駅は両毛鉄道の駅に統合された。11月から12月の短い期間だが前橋駅はふたつあったことになる。これらの路線は明治39年国有化され、明治42

▲前橋駅2代目駅舎。1981年撮影　©Photo by Yuuichi Abe

▲両毛線の列車が新前橋駅を出ると左側に「内藤分ステーション跡」の碑が見える（写真：中村武）

年（1909）に国有鉄道線路名称が公布され、大宮—高崎間が高崎線、高崎—小山間が両毛線となった。のちに買収・国化され両毛線となった。さらにのち両毛線は、新前橋—小山間に変更された。

前橋駅舎は、昭和2年（1927）に建設された木造駅舎が美しく、名駅舎として半世紀以上親しまれていたが、昭和61年に両毛線高架化によって、現在の高架駅に建て替えられた。

朔太郎も利用した新前橋駅

上越線から両毛線が分岐する新前橋駅は、すでに前橋駅があるから"新"がつく。地名に新をつけた駅名は多数あるが、開業年の新しい駅やもとの地名を改称した駅が多い。しかし新前橋駅の開業は大正10年（1921）と古く、"新"はつくが実は歴史のある駅だ。

大正期になって高崎と新潟を結ぶ上越線の敷設が計画され、高崎からまっすぐ北上し前橋を通らずに渋川に至るルートが提案された。前橋市は経路変更運動を起こしたが、市街中心部を経由させるには利根川を二度渡らなければならないため、これは断念し、利根川の西岸に駅を設置し、ここから分かれる上越線の現在のルートに落ち着いた。

こうして上越線との分岐駅として開業したのが新前橋駅だ。新前橋駅は両毛線の駅として開業する。高崎—前橋間は両毛線に属していて、上越線開業によって、間にある高崎—新前橋間は上越線と両毛線に重複する区間となった（昭和32年、両毛線の起点が新前橋に変更され、重複は解消）。両毛線の列車が高崎駅発着なのには、こうした歴史があるからだ。

▶新前橋駅に萩原朔太郎ゆかりの駅であることを示す看板が掲げてある

詩人 萩原朔太郎 ゆかりの駅

わが故郷に反れる日
汽車は烈風の中を突き行けり
ひとり車窓に目醒むれば
汽笛は闇に吹くなり
火焔は平野に明るくせり
まだ上州の山は見えずや

前橋市は詩人・萩原朔太郎の出身地。朔太郎が、上京したり故郷に戻ったりする際に新前橋駅を利用していたようで、『純情小曲集』の中の「郷土望景詩」に「新前橋驛」という作品がある。東口駅前広場の詩碑に、開業当時の駅舎の絵とともに、「新前橋驛」の詩が刻まれていて、新前橋駅がまわりに何もない田園地帯にできたことを知ることができる。

「野に新しき停車場は建てられたり
便所の扉風にふかれ
ペンキの匂ひ草いきれの中に強しや ——」

また「詩人萩原朔太郎　ゆかりの駅」と書かれた看板には、『帰郷』（☞P115）の冒頭が記されている。

内藤分ステーション跡

初代前橋駅（内藤分ステーション）と現在の前橋駅は利根川を隔てている

当時の常識を覆した
ほかほかの駅弁

　列車の旅に欠かせない醍醐味の一つが駅弁だが、群馬県には日本を代表する定番の駅弁がある。安中市（あんなか）の「荻野屋（おぎのや）」が販売する「峠の釜めし」だ。

　荻野屋は明治18年（1885）、信越本線横川駅（よこかわ）開業とともに創業した。当初から横川駅構内で弁当や菓子などを販売していたが、乗降客の少なさもあって業績は芳しくなかった。その後、3代目の急死に伴って4代目を継いだ妻の髙見澤（たかみざわ）みねじは、新たな駅弁の開発に着手。毎日駅のホームで旅客たちにリサーチを行った。そして試行錯誤の末、昭和32年（1957）に誕生したのが、保温性に優れる益子焼（ましこやき）の土釜を容器に使用した峠の釜めしである。長旅で疲れた乗客の「温かい弁当を食べたい」という声から生まれた峠の釜めしは、駅弁といえば冷えた幕の内弁当が主流の当時は、画期的だった。口コミやメディアで話題にのぼり、翌年には富山国体に向かう昭和天皇へも献上。こうして、全国的な知名度を獲得していった。峠の釜めしのヒットにより、経営難に陥っていた多くの益子焼の窯元が元気を取り戻したというエピソードもある。

　峠の釜めしの具材は鶏肉、ゴボウ、シイタケ、タケノコ、ウズラの卵、栗、アンズ、グリンピース、紅生姜の9種類。目にも楽しい色とりどりの具材が、厳選した数種類の醤油と昆布の出汁で炊いた米にマッチする。別添えになった香の物も昔から変わらない。平成9年（1997）の長野新幹線開業後は横川駅での販売数は減少したが、ドライブインやサービスエリアでも入手でき、全国の駅弁大会でも人気を集める駅弁界のスーパースターだ。

益子焼の土釜でおなじみ
駅弁のベストセラー
「峠の釜めし」

▲持ち帰って再利用ができる土釜が昔から人気。近年は東京にも直営店が増えている

◀横川駅で峠の釜めしを販売するみねじ（奥の女性）と妹トモミ。昭和40年代の様子（写真：株式会社荻野屋）

◀横川駅は、現在は信越本線の群馬側の終着駅となっている

国語 & 美術 家庭科 体育

世代を超えて愛される 群馬の郷土かるた「上毛かるた」

札は全44枚。読み札の裏には説明が書かれている▲

遊びながら学べる 郷土かるたを考案

　歴史や文化、自然、偉人など、さまざまな群馬県の題材を札にした「上毛かるた」。県内の子どもは学校の授業で学んだり、競技大会に参加したりするため、県出身者はかるたの読み札をほぼ暗記しているといわれるほど、県民に広く認知されている。

　上毛かるたが発行されたのは、昭和22年（1947）のこと。後に財団法人群馬文化協会（現在は解散）の初代理事長となる浦野匡彦は、戦後、満州から故郷の群馬へ引き揚げ、生活困窮者の支援などに取り組んでいた。戦争の惨禍にあって、土地は荒廃し、衣食住は不十分。戦後の混乱期は、GHQ*の指令により学校教育での地理や歴史の授業は停止された。そんな状況に心を痛めた浦野は、「子どもたちに明るく楽しく、希望のもてるものを」と考え、愛する故郷の歴史や文化を学べる上毛かるたの制作構想を上毛新聞紙上で発表した。

　読み札は公募で集められた題材から、郷土史家や文化人ら18人の編纂委員が選定。GHQの検閲により、思想に問題があると判断された題材は不採用になるなど難航を極めたが、新しい時代の群馬県を代表する題材が44句の読み札となった。絵札は画家の小見辰男、読み札裏の解説文は歴史家の丸山清康が担当し、初版1万2000組が発売された。

競技大会開催数が 日本一の郷土かるた

　絵札の図案は、初版から20年を過ぎた昭和43年、小見の要望により全札が描き直された。また、75年以上に及ぶ歴史の中で、

▶上毛かるた競技県大会の様子。県内の予選を勝ち抜いた代表選手が優勝を目指して真剣勝負の試合を行う

*　連合国軍総司令部のこと。昭和20〜27年の連合国軍の日本占領期間中、東京に置かれた。最高司令官としてマッカーサー元帥が着任し、占領行政を指揮した

時代に応じて書き換えられた読み札もある。それが、「力あわせる二百万」だ。初版時の県の人口は「百六十万」だったが、その後の人口増加に合わせて4回修正され、平成5年(1993)に「二百万」となった。

　上毛かるたが発行された翌年の昭和23年には、第1回「上毛かるた競技県大会」を開催。2023年までの開催数は74回にのぼる。競技県大会は毎年2月に開催され、競技として行われるため、細かい大会ルールがある。県内の小中学生は予選大会、県大会への出場に向け、練習に励んでいる。2013年からは、18歳以上が参加できる大人の全国大会「KING OF JMK～おとな達の上毛かるた日本一決定戦～」が開催され、2022年には、東吾妻町に「かるた館」がオープン。郷土愛を育んできた上毛かるたは、世代を超えて県民の心に刻み込まれている。

▲「西の西陣、東の桐生」と称されたほど、昔から織物産業が盛んな桐生。絵札に描かれているのは、桐生に機織りの技術を伝えたとされる白瀧姫

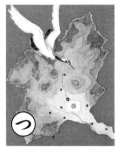

▲群馬県の形を鶴にたとえた句で、平和への願いが込められている。競技で同点の場合は、通常この「つ」の札を取った方が勝ちとなるルールがある

▲鎌倉幕府を討伐した武将・新田義貞が鎌倉に攻める前、持っていた刀を稲村ケ崎の海に投げ入れて龍神に祈りを捧げている場面が描かれている

▲3つの上州名物を詠んだ句。「い」と「ら」の読み札だけ赤い。「ら」の札は、制作当時、GHQの指令で禁止された札があり、赤く染めることで怒りを表している

上毛かるたの読み札一覧

あ…浅間のいたずら 鬼の押出し
い…伊香保温泉 日本の名湯
う…碓氷峠の関所跡
え…縁起だるまの少林山
お…太田金山子育呑龍
か…関東と信越つなぐ高崎市
き…桐生は日本の機どころ
く…草津よいとこ薬の温泉
け…県都前橋 生糸の市
こ…心の燈台 内村鑑三
さ…三波石と共に名高い冬桜
し…しのぶ毛の国 二子塚
す…裾野は長し赤城山
せ…仙境尾瀬沼花の原
そ…そろいの仕度で八木節音頭
た…滝は吹割 片品渓谷
ち…力あわせる二百万
つ…つる舞う形の群馬県
て…天下の義人 茂左衛門
と…利根は坂東一の川

な…中仙道しのぶ安中杉並木
に…日本で最初の富岡製糸
ぬ…沼田城下の塩原太助
ね…ねぎとこんにゃく下仁田名産
の…登る榛名のキャンプ村
は…花山公園 つつじの名所
ひ…白衣観音慈悲の御手
ふ…分福茶釜の茂林寺
へ…平和の使徒 新島襄
ほ…誇る文豪 田山花袋
ま…繭と生糸は日本一
み…水上、谷川 スキーと登山
む…昔を語る多胡の古碑
め…銘仙織出す伊勢崎市
も…紅葉に映える妙義山

や…耶馬渓しのぐ吾妻峡
ゆ…ゆかりは古し貫前神社
よ…世のちり洗う四万温泉
ら…雷と空風 義理人情
り…理想の電化に電源群馬
る…ループで名高い清水トンネル
れ…歴史に名高い新田義貞
ろ…老農 船津傳次平
わ…和算の大家 関孝和

(上毛かるた：許諾第05-02031号)

「日本近代詩の父」と称される前橋市生まれの萩原朔太郎と生涯の友・室生犀星

萩原朔太郎の資料を数多く所蔵する前橋文学館▲
（写真：前橋文学館）

名家のひ弱なプリンス

大正6年（1917）2月、30歳の萩原朔太郎は第一詩集『月に吠える』を自費で500部を刊行した。文壇では、孤独と不安を内的音楽性で描いた口語自由詩の誕生、と絶賛され、本人も「私は一夜にして有名な詩人になった」と語るほどの成功を収めたのである。

朔太郎は、明治19年（1886）11月1日、東群馬郡前橋北曲輪町69番地（現・前橋市千代田町2丁目）で誕生。大阪出身の開業医の父と前橋藩士の娘である母の長男であり、家族の愛情を一身に受け、裕福な環境で育つ。ひ弱で、小学校時代のあだ名は「プリンス」。弟が1人と妹4人がいる。

学業には身が入らなかったが、前橋中学3年のころから短歌を作り、文芸誌『明星』などにも掲載された。前橋高等学校の受験失敗後、学生生活は紆余曲折。東京の早稲田中学校補習科、熊本の第五高等学校英語文科、岡山の第六高等学校独語文科・独語法科と渡り歩いたが、いずれも長続きしなかった。

東京でマンドリンを習い、音楽や美術、演劇に親しむも、25歳で京大受験に失敗し、翌年、前橋の実家に戻った。周囲から「あのノラクラ者」と白眼視されていると感じながらも文学に本腰を入れ、爆発的に詩を創作。

同年5月、北原白秋が主宰する『朱欒（ザンボア）』に5編の詩が載り、朔太郎は詩壇デビューを果たす。また、同じ号に載っていた金沢出身の室生犀星（1889～1962）の、「ふるさとは遠きにありて思ふもの」で始まる詩に感動し、東京在住の犀星に手紙を送ったことから親交を結ぶようになった。

◀『月に吠える』の初版本。序で、「月に吠える犬は、自分の影に怪しみ恐れて吠えるのである」と朔太郎は綴っている
（写真：前橋文学館）

◀萩原朔太郎（1886～1942）は詩人としての活動のほか、趣味のマンドリンでは楽団を主宰。写真にも才能を発揮した（写真：前橋文学館）

◀室生犀星（1889～1962）は、小説家としても活躍。代表作に、『あにいもうと』『杏っ子』『かげろふの日記遺文』など
（写真：国立国会図書館）

前橋を訪ねた室生犀星

　大正3年2月、犀星は朔太郎に会いに前橋を訪ねた。お互いの第一印象は最悪だった。

　犀星は、トルコ帽にくわえタバコで停車場に迎えに来た朔太郎を「なんて気障な虫唾の走る男だろう」と身震い。一方、犀星の抒情詩から青白い美少年を想像していた朔太郎は、「何という貧乏くさい痩せ犬だろう」と失望したという。それでも前橋郊外の利根川河畔の下宿を世話し、犀星が1ヵ月後に帰京するころには無二の親友となっていた。

　朔太郎が見合い結婚をしたのは、『月に吠える』刊行の2年後である。やがて2人の女児の父になった朔太郎は、大正12年に第二詩集『青猫』を発刊。口語自由詩の極致との高い評価を受ける。大正14年、妻子を伴って上京。前橋に帰ったのは4年後だ。

　「わが故郷に帰れる日/汽車は烈風の中を突き行けり。/ひとり車窓に目醒むれば/汽笛は闇に吠え叫び/火焔（ほのほ）は平野を明るくせり。/まだ上州の山は見えずや。」

　「昭和四年の冬、妻と離別し、二児を抱へて故郷に帰る」との小書きがついている『帰

▼前橋市の萩原朔太郎記念館にある朔太郎デザインの本棚と机と椅子（レプリカ）。壁紙も往時を再現（写真：前橋文学館）

郷』の冒頭である。翌年、父が亡くなり、再び東京に転居。のちに小説家となった長女・葉子は晩年の朔太郎について「父はとても正直で、嘘や、その場の取り繕いということの全くできないたちだった」と記し、朔太郎が55歳で病死した十数年後、犀星は「萩原と私の関係は、私がたちの悪い女で始終萩原を追っかけ廻していて、萩原もずるずるに引きずられているところがあった。（中略）永い四十年間倦きることがなかった」と書いている。

▲朔太郎の自筆原稿。この「帰郷」は、昭和9年発刊の詩集『氷島』に収められている（写真：前橋文学館）

▲萩原朔太郎記念館。生家の土蔵、書斎、離れ座敷を河畔緑地に移築復元したもの（写真：前橋文学館）

▶敷島公園ばら園に立つ萩原朔太郎の詩碑。『帰郷』の冒頭が刻まれている

明治時代のベストセラー作家 徳冨蘆花は伊香保を愛し、この地の定宿で生涯を終えた

熊本の旧家生まれの兄弟

　徳冨蘆花（本名・徳富健次郎）は、明治元年（1868）10月25日、肥後国葦北郡水俣（現・熊本県水俣市）で生まれた。徳富家は代々惣庄屋と代官を兼ねてきた旧家であり、父は漢学者で教育者。4人の姉と2人の兄（次男は夭折）がおり、6歳年上の長兄は、のちにジャーナリストとして活躍する徳富蘇峰（本名・猪一郎）である。

　裕福な家庭の末っ子として溺愛された蘆花

◀大正9年、夫婦で世界一周旅行をしたときニューヨークで撮った徳冨蘆花のポートレート（写真：国立国会図書館）

▶徳冨蘆花夫妻の結婚記念写真。妻・愛子（1874〜1947）は、士族で酒造業を営む裕福な家の娘。蘆花没後、『蘆花全集』を刊行（写真：東京都立蘆花恒春園蘆花記念館）

は、甘えん坊で、手のつけられないわがままな子供であり、そんな弟を蘇峰は「弱虫・泣き虫・怒り虫」とからかっていたという。

　明治11年、蘆花は兄に伴われて、新島襄が初代校長を務める同志社（現・同志社大学）に入学。一時帰郷して読書三昧の日々を送るが再入学し、新島襄の義姪との恋の末、周囲の大反対から遺書を残して鹿児島に出奔するという騒ぎも起こしている。

　明治22年に上京し、蘇峰の主宰する言論団体および出版社である民友社に入社。外電や小説などを翻訳するうち、ゲーテやユーゴーに親しみ、さらにトルストイに傾倒する。

　明治27年に結婚。6歳年下の妻・愛子は、熊本出身で東京女子高等師範学校（現・お茶

▶徳富蘇峰（1863〜1957）は、民友社を設立し、雑誌『国民之友』『国民新聞』を創刊。主著は『近世日本国民史』（全100巻）（写真：国立国会図書館）

の水女子大)を卒業後、小学校教員になった才媛である。立身が叶わぬ蘆花は、「我は（中略）家兄の奴隷なりき」と妻に当たることもあったが、妻はよく仕え、結婚5周年記念として訪れたのが、5月の伊香保だったのである。

長編小説『不如帰』の大成功

「上州伊香保千明の三階の障子開きて、夕景色をながむる婦人。年は十八九。（中略）春の日脚の西に傾きて、遠くは日光、足尾、越後境の山々、近くは、小野子、子持、赤城の峰々、入り日を浴びて花やかに夕ばえすれば、つい下の榎離れて唖々と飛び行く鳥の声までも金色に聞こゆる時、雲二片蓬々然と赤城の背より浮かび出でたり。」

明治33年に刊行されるや驚異的な売れ行きを示した『不如帰』の冒頭である。

とある家庭の悲劇を知人から聞いた蘆花は「これは小説だ！」と叫び、さっそく夫婦で過ごした伊香保の美しい春を舞台に、物語を書き始めたのである。「伊香保千明」とは、蘆花夫妻が投宿した温泉だ。

『不如帰』の成功によって兄から自立した蘆花は、つづいて刊行した散文集『自然と人生』、自伝的小説『思出の記』でもさらなる

◀『不如帰』の口絵を飾った黒田清輝によるヒロイン『浪子像』の原画
（写真：東京都立蘆花恒春園蘆花記念館）

名声を博し、作家の地位を確立する。

その後も蘆花夫妻はたびたび伊香保を訪れた。当初から石階段と温泉、豊かな自然に惹かれていたが、蘆花がスランプに陥っていた38歳のときには、夫妻で1月から3月まで長逗留し、その間にロシアのトルストイ訪問を決意。妻が大病を患った大正5年（1916）にも、一緒に訪ねている。

昭和2年（1927）7月、前年心臓発作で危篤状態になった蘆花だが、回復すると伊香保行きを切望。ちょうど10回目の伊香保だった。山駕籠で榛名山にも登ったが、9月になると病状が悪化。訣別していた兄・蘇峰を呼び寄せ、15年ぶりの再会を伊香保で果たした。その翌日、永眠。58歳だった。

▲伊香保の徳冨蘆花記念文学館。蘆花がこよなく愛した定宿・千明仁泉亭の離れを移設したもの（写真：徳冨蘆花記念文学館）

▲徳冨蘆花記念文学館にある蘆花終焉の部屋
（写真：徳冨蘆花記念文学館）

自然主義文学の旗手、歌壇の大家、無頼派作家 群馬にゆかりの文人たち

館林市つつじが岡公園▲

私小説という日本独自のスタイルを確立した田山花袋

〈たづね来し/わが故郷の/淺茅沼/月夜になくは/雁ばかりかは〉

　館林市のつつじが岡公園にある田山花袋の文学碑に刻まれた歌である。花袋は紀行文「館林の躑躅」に、少年時代に眺めたこの地の景色を懐かしみ、「あれはてた浅茅沼の岸に絵のやうな赤い躑躅の色彩、それが私に何とも言へないロマンチツクな感じを起させた」と書いている。

　田山花袋（本名・録弥）は、明治4年（1871）、士族の次男として栃木県邑楽郡館林町（現・群馬県館林市）で誕生。警視庁巡査となっていた父が西南戦争で戦死したため、花袋は9歳で足利や東京へ丁稚奉公に出されたが、約2年で帰郷した。漢学塾で学び、14歳のときに兄に従って一家で上京。英語を学び、西洋文学にも親しみ、流行作家の尾崎紅葉を訪ねたのは19歳のころだ。国木田独歩や島崎藤村、森鴎外とも交流し、新しい文学を模索していく。

　明治40年に『蒲団』を発表。赤裸々な告白的描写で大きな反響を呼び、私小説という日本独自の文学スタイルを確立。藤村と並ぶ自然主義文学の旗手となった。

　そして花袋が『田舎教師』を発刊した明治42年、高崎から上京したのが19歳の土屋文明である。

誇る文豪 ほ 田山花袋

▲田山花袋（1871〜1930）は、「上毛かるた」にも選ばれている。歴史小説や随筆でも活躍
（上毛かるた：許諾第05-02031号）

▶明治11年から約8年住んでいた田山花袋旧居。館林市第二資料館に移築されている

◀土屋文明(1890～1990)は、100年の生涯に1万2300余首の短歌を残した。晩年は見守る娘に故郷のことばかり話していたという。昭和61年に文化勲章受章（写真：群馬県立土屋文明記念文学館）

土屋文明の故郷への想い

土屋文明は明治23年、群馬県西群馬郡上郊村（現・高崎市）保渡田の農家に生まれた。高崎中学（現・高崎高校）時代から文学を志し、俳句や短歌を雑誌『ホトトギス』や『アカネ』に投稿する。卒業後、伊藤左千夫を頼って上京し、短歌結社「アララギ」に参加。その後、東京帝国大学（現・東京大学）では、山本有三、芥川龍之介、久米正雄らの学友と第三次『新思潮』の同人として小説、戯曲を書いた。

大正14年（1925）、第一歌集『ふゆくさ』を出版。その後、斎藤茂吉から『アララギ』の編集発行人を引き継ぎ、戦後は短歌衰退の危機を救うため尽力し、短歌界の指導者的存在となった。『万葉集』の研究にも傾注し、『万葉集私注』等を執筆。戦災により群馬県吾妻郡原町（現・東吾妻町）川戸で約6年半の疎開生活を送ったが、故郷の榛名山麓には数えるほどしか帰っていない。

〈青き上に榛名を永久のまぼろしに出でて帰らぬ我のみにあらじ〉

文明が70歳の時に故郷を想って詠んだ歌である。

▶土屋文明の自筆。この表記で刻まれた歌碑が、土屋文明記念文学館の敷地内に立っている（写真：群馬県立土屋文明記念文学館）

青き上に榛名を永久の幻に
いでて帰らぬ我のみにあらじ　文明

桐生を愛して逝った坂口安吾

一方、3年間を過ごした桐生市で48歳の生涯を終えたのが、無頼派作家と称される坂口安吾である。明治39年、新潟市の大地主の旧家に生まれ、16歳で上京。敗戦の翌年に発表した『堕落論』や『白痴』で名を成した。

友人の紹介で訪れた桐生の人々の真摯さに感動し、夫妻で転居してきたのは昭和27年（1952）だ。翌年には長男が誕生。エッセイ集『桐生通信』をはじめ、歴史小説など、多くを書いたが取材旅行から帰宅後に脳出血で急逝。

没後50周年記念には、安吾お気に入りの散歩道だった桐生川畔に文学碑が建立。代表作『桜の森の満開の下』にちなみ、〈花の下には風吹くばかり　安吾〉と刻まれている。

▶昭和22年に結婚した三千代と、桐生市に移住した翌年に生まれた長男を抱く坂口安吾（1906～1955）（写真：新潟市／安吾 風の館）

▼坂口安吾は桐生市の豪商・書上商店の当主から母屋を提供されて3年間を暮らした。この絵図は、明治22年に発行された同商店の全貌を描いた銅版画（写真：書肆画廊奈良書店）

赤城山を根城に活躍し剣劇のヒーローとなった大親分、国定忠治

忠治の処刑場跡に立つ慰霊碑▲
（写真：観光ぐんま写真館）

裕福な家の出ながら13歳から賭場に入り浸り

大正時代に流行した新国劇*において、「赤城の山も今夜を限り……」で始まるセリフ**で有名な剣劇の主人公、国定忠治は、江戸時代後期の博徒。同時代に生きた、同じく博徒の清水次郎長と並び、講談や演劇などでもおなじみだ。忠治は文化7年（1810）、国定村（現・伊勢崎市国定町）に生まれ、本名は長岡忠次郎という。生家の長岡家は豪農で裕福だったというが、13歳で賭場に出入りを始め、17歳で初めて人を殺した。21歳のときに百々村（現・伊勢崎市境百々）の親分の跡目を継ぎ、自身も親分として一家を構えた。

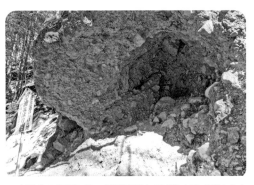

▲赤城山の南面には、捕縛を逃れる忠治が身を隠したと伝わる岩屋がある。例の名セリフは、この岩屋を去って信州へ向かう際のものとされる

◀忠治の唯一といわれる肖像画。『八木節』には、身長180cmほどで骨格や肉づきが良く、やや太り気味の美男子だったとあるが、それが見て取れる
（写真：国立国会図書館デジタルコレクション）

天保5年（1834）、賭場で殴られた子分の仕返しのため、島村の大親分と呼ばれた島村伊三郎を闇討ちで斬り、縄張りを奪う。この事件で、忠治は親分として名を上げるようになったが、幕府の役人である関東取締出役に目をつけられることになる。そこで、関東取締出役の管轄外である信州に逃亡。その後、上州に戻って赤城山に潜伏した。以後、縄張り争いや仇討ち、賭場荒らし、殺しなどの日々に明け暮れつつ、赤城山と信州路を行き来する。一説では、甲州や越後、会津、美濃方面まで足を延ばしたといわれる。

嘉永2年（1849）、縄張りを子分に譲って引退。故郷の国定村に戻ったが、妾と同衾中に脳溢血で倒れ、間もなく潜伏先で捕縛されると江戸に送られて死罪となった。罪状が多すぎるため、最も重い関所破りの罪を言い渡されたというから、いかに悪行の限りを尽く

*　大正6年（1917）、当時の新劇に飽き足らず、新しい国民劇を目指して創立された大衆劇団。
　　『国定忠治』をはじめとする剣劇を中心に上演を行い、一時代を築いた

▼忠治が処刑された大戸処刑場跡。遺体は3日間さらされた後に盗まれたといわれ、養寿寺と善応寺（ともに伊勢崎市）に墓がある。

▼東吾妻町萩生の「忠治とまどいの松」。この松の根元で、忠治が関所破りをするか否か迷ったと伝わる

したかがわかる。そして嘉永3年12月、故郷上州の大戸村（吾妻郡）の処刑場で磔の刑に処された。41年の生涯だった。

数々の武勇伝で反権力の象徴に

　やくざ者にもかかわらず、忠治は情に厚いヒーローとして、演劇や浪曲、講談、映画などで描かれてきた。それは多くの伝説があるからだ。有名なのが、天保4年に始まる大飢饉の際に、私財を投じて国定村の人々を援助したという話。賭場で名主から巻き上げた金を農民らに施した、沼の浚渫工事を手掛けた、などの話もある。忠治が捕縛から逃れ続けられたのも、村人の助けがあったからともいわれている。磔刑の際も、前夜はほろ酔い加減のうえ大いびきで眠り、磔上でも槍の13突きに耐えたなどの逸話が残る。

　こうした武勇伝はすべて虚構とする説もあるが、幕府の役人で国定村の代官も務めた羽倉外記は、忠治の死後に著した『赤城録』の中で忠治を凡盗ではなく劇盗と評し、国定村の住人は忠治に感謝するあまり、赤城山に背を向けて寝られないほどだったと記している。

　上州の民謡である『八木節』でも、忠治の一代記は代表的な曲目だ。実態はどうあれ、忠治が人々から慕われる行動があったのかもしれない。そして、その死後、時代が閉塞状況となるたびに、忠治は弱気を助け強気をくじく反権力の象徴として、大衆演劇の中で甦ったのだろう。

◀『国定忠治実伝』の挿絵に描かれた忠治。迫力あふれる立ち回りが多かったことも、忠治の芝居や映画が人気を博した理由の一つだ
（写真：国立国会図書館デジタルコレクション）

限りなくピュアで熱く、疾風のごとく生き抜いた才能溢れる少年、山田かまち

かまちの作品120点を
展示する高崎市
山田かまち美術館▲

絵画、詩、音楽に生きた

　昭和52年（1977）8月10日、17歳の誕生日からわずか20日後のその日、高崎で生まれ育った少年、山田かまちはこの世を去った。あまりにも早すぎる死だった。その年月からは想像もできないほど多くの作品を残して。

　かまちは1歳半で絵を描き始め、2歳頃には大好きだった自動車スバル360を異なるアングルから何枚も描いていた。高崎市山田かまち美術館に保管されている鯉のぼりの絵は、3歳の時に一日中眺めては何枚も描いたうちの1枚だという。動物園では気に入った動物の前から動こうとしないなど、動物でも鯉のぼりでも興味があるものは飽きることなく観察する。それがかまちの習慣となっていた。

　小学校に入ると、豊かな感受性は詩や作文

◀1977年に仲の良い友人によって撮影された山田かまち（1960年7月21日-1977年8月10日）。彼の詩文や絵画、多くの人を惹きつけてやまないその人生は、後に『17歳のポケット』（集英社）や母によって生い立ちが綴られた『かまちの海』（文藝春秋）など、多数出版されている

の創作にも発揮された。小学校1年生時の担任教諭を「この才能をどう伸ばしてゆけばよいか…」と悩ませるほどであったという。またこの頃、怪獣に熱中していたかまちは、そのポーズを真似ながらユーモラスに描き、頼まれれば友人たちのノートにも描いた。教室には、せがむ級友たちの列ができたほどだった。

　小学校3年生のとき、東京藝術大学出身の竹内俊雄教諭が担任となった。竹内教諭は、当時かまちがテストの裏に描いた牛の絵について「そのひと筆描きは、晩年のピカソのようだった」と評している。さらに、冬休み明けにかまちが竹内教諭に32枚の動物を描いた作品群を宿題として提出したとき、それらを見てかまちの才能を確信したという。1時間で52枚の動物を年賀状用の墨で描き、そのうちの気に入った動物画に色を付けて持ってきたというが、竹内教諭はこの動物画を携えて、当時、美術のパトロンだった地元在住の井上房一郎（☞P124）にかまちを紹介した。その絵を一目見た井上は、「将来、俵屋宗達や尾形光琳に匹敵する画家になる」と絶賛した。

　クラシック音楽に興味を持ち始めたのは5年生の頃。「1日24時間では足りない」が口癖になっていた。中学では、海外文学や詩集を耽読し、国内外のペンフレンドとの交流も

始めた。このときの絵画にはビートルズをはじめとするロックに夢中になっていた影響が見てとれる。水彩画『プリーズ・ミスター・ポストマン』は、友からの郵便を待つ気持ちと、ビートルズの同名曲の歌詞への想いが結びついた作品と言えるだろう。

　一方で、中学3年生で最愛の祖母を失ったころからは、人間の悲しみや苦しみを表現する絵が増え、哲学的な洞察が感じられる抽象的絵画やコラージュ作品などが制作されるようになっていく。1年の浪人を経て、群馬県立高崎高校へ入学すると、学園祭では短編映画を制作。精力的に芸術や学校の活動に取り組んでいたさなか、ギターを自室で練習していたときに感電事故に遭い、この世を去った。

今もなお、影響は続く

　かまちが亡くなった4年後には竹内俊雄教諭、11年後には井上房一郎による発案で展覧会が開かれた。井上は「一度展覧会を開けば、必ず見た人がかまちのことを伝えてくれるはずだ」と語っていたという。そしてその言葉通りに、平成4年(1992)に「山田かまち水彩デッサン美術館」が設立され、各地での展覧会にも多くの人が訪れたほか、教科書や様々な書籍、メディアで紹介され、全国的にその名が知れ渡った。2014年には、「高崎市山田かまち美術館」がオープン。来館者には若者はもちろん、リピーターも多く、熱く純

▶小学5年生のとき、両親に買ってもらった愛用のステレオ。愛蔵のレコードとともに、高崎市山田かまち美術館に展示されている

粋な少年の心の叫びは、時代を超えて今も、メッセージを投げかけ続けている。

▲草原に暮らしているはずのライオンが海を眺めるという構図の『海辺のライオン』。孤高のライオンにはかまち自身の姿が投影されているようにも見える。クレヨン・紙

▲かまちは文通の友人に勧められてビートルズに出会い、熱中した。その影響を受けて様々な作品を残している。『プリーズ・ミスター・ポストマン』。昭和50年。水彩・鉛筆・紙

▲中学時代、非現実的な空間の表現を好んだ。複数の直線が交差する場面で人物が相対する『地平線』。左の△の穴は、妹が切り取ったものだという。ペン・クレヨン・紙

建築家ブルーノ・タウトが信念を貫き、高崎に捧げた日本への愛と工芸美

タウトデザインのミラテスの看板▲

建築家ブルーノ・タウト

　2008年に登録されたドイツの世界遺産「ベルリンの近代集合住宅群」の6つの集合住宅のうち4つの設計を担ったドイツの著名な建築家ブルーノ・タウト。1910〜33年にかけ、急増する工業労働者の住宅不足が深刻化する中、解決策として建てられた集合住宅だ。労働者の立場に寄り添うことを使命としたタウトの精神は、設計に存分に生かされた。住民が感謝し、彼の顕彰碑を建てたというほどに。

　世界にもその名が知られるタウトだったが、ヒトラーが首相となるとナチスに追われる身となり、亡命先に選んだのが日本だった。昭和8年（1933）5月3日のことである。敦賀港に到着したタウトは翌日、桂離宮を訪れた。長い間、ジャポニズムへの憧れを抱いていた

◀ブルーノ・タウト（1880-1938）。ドイツでは「鉄の記念塔」や「ガラスの家」などを手掛け、表現主義の建築家といわれた

タウトは、目の前に現れた生の“日本美”にいたく感動し、「泣きたくなるほど美しい」と日記にしたためた。

　以来、昭和11年10月まで、3年5カ月を日本で暮らすことになるが、そのうち2年3カ月という大半を過ごしたのが、群馬県八幡村（現・高崎市）だったのである。

高崎にまかれた種

　高崎では、建築と土木事業に従事する井上房一郎の口利きで、少林山達磨寺境内にある茶室「洗心亭」に住むことになった。6畳と4畳半という、わずか二間だけの簡素な造りだが、炉と床の間のある和室をタウトは気に入った。群馬県工業試験場高崎分場の嘱託と、井上が経営する井上工房の顧問の職を得

▲少林山達磨寺境内に大正時代に建てられた洗心亭。眼下に碓氷川が流れ、関東平野を一望する丘に立つ

たタウトは、そこで工芸指導や執筆を行った。住職一家も親身になってタウトと妻エリカの世話をしたという。

　建築の仕事には恵まれず、日本での約3年半を「建築家の休日」と称していたが、その分、多くの工芸品デザインを手掛けることになる。ドイツ（1919〜33年はワイマール共和国）で労働者の身になって住宅を設計したように、高崎でも土地の材料や技術を生かし、その地に暮らす人々の生活に寄り添うデザインを考えた。そんなタウトの目に留まったのが、雪駄表に使われていた日本素材の竹皮と、高崎南部表*の技法だった。竹皮と職人技術を生かせないか。工業試験場で試作が繰り返され、地場産業を支える職人たちの手で工夫が重ねられ、誕生したのが「西上州竹皮編」である。タウトは竹皮を使ったパン籠やヤーンバスケット、パラソルの柄や竹のテーブルスタンドをデザインした。ほかにも椅子や置時計、伸縮自在の本立て、漆製の煙草入れといった木工家具や工芸品など、日本の素材で生活に生きるデザインを次々と考案し、腕のよい職人たちが製品に作り上げていった。

▼群馬県立歴史博物館が所蔵する、タウト設計の肘掛椅子と竹のテーブルスタンド（復元）（写真：群馬県立歴史博物館）

　昭和8年には、井上房一郎が軽井沢に工芸品店「MIRA TISS」を、2年後には銀座にも2号店を開業。そこに並んだ製品は、多くの人々の愛用品となり、タウトがまいた種は、伝統工芸品として高崎に根付いていった。

　昭和10年、大雨で碓氷川が氾濫した際、タウトは八幡村に義捐金を拠出。生活者に寄り添う精神は、工芸品だけでなく地元住民にも注がれたのだ。しかし、日本を去る時がきた。建築家として招聘されたトルコへ発つ日、駆け付けた全村民が、「タウトさん万歳、奥さん万歳」と言い、タウトは「八幡村万歳、少林山万歳」と応じたという。その2年後、過労のため58歳で逝去。「できれば私の骨は少林山に埋めていただきたい」と言っていたというタウト。それは叶わなかったが、妻エリカは、夫の死の翌年に来日し、夫のデスマスクを少林山に納めた。洗心亭には「私は日本の文化を愛す」とドイツ語で刻まれた碑が立つ。まるでそこにタウトがいるかのように。

▲西上州竹皮編の製品。タウトの弟子といわれる水原徳言氏を師にもつ前島美江氏が唯一の継承者として、制作に励んでいる（写真：群馬県）

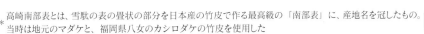

▶モザイク角形シガレット入れ。卵殻螺鈿を施したもので、細工が美しい
（写真：群馬県立歴史博物館）

* 高崎南部表とは、雪駄の表の畳状の部分を日本産の竹皮で作る最高級の「南部表」に、産地名を冠したもの。当時は地元のマダケと、福岡県八女のカシロダケの竹皮を使用した

職人技と養蚕業、からっ風がもたらした伝統の高崎だるま

高崎にある少林山達磨寺の絵馬▲

人形職人が始めた高崎のだるま作り

　鮮やかな赤色が印象的な高崎だるまは、吉祥や長寿を表す鶴が眉毛に、亀が髭に描かれていることから、「縁起だるま」「福だるま」とも呼ばれる縁起物だ。高崎市豊岡・八幡地域を中心に、張り子*のだるま作りの伝統が受け継がれており、群馬県ふるさと伝統工芸品に指定されている。お腹には「福入」、両肩には「家内安全」「商売繁盛」「大願成就」などの願いを込めた金文字が書かれているのが特徴で、このように文字が書かれているだるまは全国的にも珍しい。

　だるまは、座禅姿の達磨大師を模したもの。達磨大師は、インドから中国に禅を伝えた中国禅宗の開祖で、洞窟の壁に向かって9年間座禅を組んで修行をしたという逸話がある。

高崎だるまの特徴

最初に右（左目）、願いが成就したら左（右目）を開眼

赤い体

眉は鶴

髭は亀

金文字

◀だるまの型に紙を張り、天日乾燥させて生地を作る。できあがった生地を乾かすには、からっ風がもってこい

▲顔描きは、今も一つずつ手作業で行う。白目を塗り、鼻と口を描き、胴に金彩と金文字を施す。最後に眉と髭を描いて完成

＊　木型に和紙などを張って成形する技法。木型に紙を重ねて張り、乾いたら木型を取り出す。かつては手作業で、現在は真空成形という方法が中心

日本に張り子のだるまが広まったのは江戸時代。当時、江戸では疱瘡（天然痘）が流行しており、赤いものは魔除けになると信じられていたため、病を恐れた庶民の間で赤く塗られただるまがブームになった。何事にも動じない不屈の精神を象徴する「起き上がり」の形も、この頃完成したといわれる。

高崎でだるま作りが始まったのは、今から200年ほど前のこと。起源には、人形職人を目指していた山縣友五郎が、武蔵国の人形店で修業を積んだあと、故郷の上豊岡村（現高崎市）に戻り、だるまを作り始めたなど、諸説ある。

疱瘡の予防法が発見されたことで、江戸のだるまは姿を消していったが、高崎では農家が農閑期の副業として脈々とだるま作りを行ってきた。現在でも多くの職人が昔ながらの手法を守り、手作業でだるまを制作している。

全国シェア1位の"だるまの里"に発展

上州（群馬県）は、昔から養蚕の盛んな地域だ。蚕は繭を作るまでに4回脱皮するが、蚕が古い殻を破って出てくることを「起きる」

▲縁起だるま発祥の寺、少林山達磨寺では、毎年1月15日に「達磨お焚き上げ供養法要」を行っている

▼高崎市では、1月1・2日に「高崎だるま市」を開催。だるま職人の掛け声が響き、多種多様なだるまが販売される

といい、その言葉にかけて、養蚕農家では転がしてもすぐに起き上がる「七転び八起き」のだるまを大切な守り神として祀ってきた。

また当地は、だるま作りに適した土地でもある。紙を張り、色を塗り、生地や塗料を乾かす工程には、冬から春先にかけて赤城山から吹き下ろす、上州名物「からっ風」の乾燥した空気が欠かせない。高崎だるまの出荷数は年間約90万個ともいわれ、高崎は全国屈指のだるまの生産量を誇る。

高崎が"だるまの里"に発展したのは、生みの親とされる友五郎はもちろん、だるまの型彫り「鉄つぁん」こと葦名鉄十郎盛幸の存在が大きい。友五郎が亡くなった文久2年（1862）に生まれた元金沢藩士の鉄つぁんは、だるま木型彫りの名人。上豊岡村に住み、繭の形にこだわる人たちの声を参考に、丸みを帯びた木型を彫った。鉄つぁんの木型が評判になるにつれ、だるま職人を目指す人が集まり、人々の暮らしにもだるまが根づいていった。

友五郎と鉄つぁんの功績により多くの職人が育ち、高崎はだるまの一大産地となった。高崎だるまは、職人の技と養蚕業、からっ風が生み出した作品なのである。

歴史あり、味よし "麦の国" ぐんまが誇る 粉もの料理の数々

群馬三大うどんの一つ、館林うどん▲

粉もの文化発展の背景

2021年産の群馬県の小麦収穫量は、東日本で1位。平安時代に古代麺を食していた記録があるものの、庶民に定着するには時間がかかり、家庭の食卓に登場し始めたのは江戸時代。石臼の普及で、製粉技術が向上したためだ。明治28年（1895）の記録では、関東地方の二毛作率が11%以下が多い中、群馬県は49.9%と突出し、小麦の生産が盛んだった。

農業や養蚕業を営む女性が多いことも粉もの料理が普及した理由。忙しい中、時短料理として水団ややきもちを作り、昼食やおやつとした。"おっきりこみ"（☞P129）はその代表。

名産地だけあり小麦の種類も多く、麦の個性に合わせ、料理の幅が広いのも特徴だ。"つるぴかり"や"きぬの波"はうどん向き。結果、群馬三大うどんの水沢うどん、ひもかわうどん、館林うどんも普及した。パンに適した小麦も生産され、群馬県は地粉を使ったベーカリーの激戦区といわれる。高崎パスタの注目度も高い。高崎市産"きぬの波"を100%使った高崎生パスタが、2023年の第19回日本農業新聞一村逸品大賞で大賞に輝き、2023年に15回目を迎える「キングオブパスタ」は、例年大好評を博している。今や高崎は"パスタのまち"と呼ばれるほど。次に代表的な群馬県の粉もの料理を紹介する。

全国の小麦収穫量

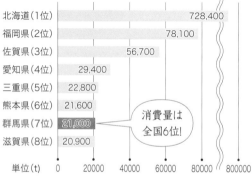

北海道（1位）	728,400
福岡県（2位）	78,100
佐賀県（3位）	56,700
愛知県（4位）	29,400
三重県（5位）	22,800
熊本県（6位）	21,600
群馬県（7位）	21,000
滋賀県（8位）	20,900

単位(t) 0 20000 40000 60000 80000 800000

消費量は全国6位！

▲農林水産省による2021年産の麦類の収穫量を示したグラフ。東日本では1位であることがわかる

作付割合（群馬県）

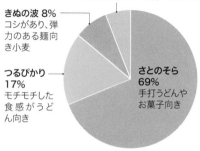

ゆめかおり 6% 手打うどんやお菓子向き

きぬの波 8% コシがあり、弾力のある麺向き小麦

つるぴかり 17% モチモチした食感がうどん向き

さとのそら 69% 手打うどんやお菓子向き

▲2021年の群馬県蚕糸園芸課の調べによる、小麦の作付割合。群馬県は新しい品種の開発にも意欲的だ（出典：左・上とも県発行マガジン『ツルノス・プラス』vol.9）

水沢うどん

400年以上前に渋川市水澤寺の参道の茶店が提供したのが始まり。水沢の水を使い、伝統の手法で作る麺は強いコシと透明感が特徴

おっきりこみ

野菜を煮込んだ汁に麺や水団を入れ、味噌や醤油で味付けする。麺生地を棒に巻き、包丁で"切り込み"を入れることが名の由来

いせさきもんじゃ

イチゴシロップ入りの「アマ」とカレー粉入りの「カラ」があり、トッピングは「ベビースターラーメン」。アマカラもあり

ぎゅうてん

小麦粉を薄く溶いて小判形に焼く。お好み焼きに近いが、具は地元産のネギやキャベツなどシンプル。人気のおやつの一つ

焼きまんじゅう

江戸時代末期に前橋市の原嶋類蔵が作った味噌漬けまんじゅうが起源。串に刺したまんじゅうに甘い味噌だれを塗って焼く

ひもかわうどん

織物工場の労働者が手早く食べられると重宝したことから広まった桐生のうどん。統一した味はないが、麺が幅広い点は共通している

上州太田焼きそば

高度経済成長期、各地から工業都市の太田市に出稼ぎにきた人は多く、秋田県横手市の人が持ち込んだのが始まりといわれる

やきもち

小麦粉で作った生地を丸めて焼いたもの。醤油や味噌、季節の野菜とともに囲炉裏で焼いて仕上げる。おやきと呼ぶ地域もある

高崎パスタ

市内に150店舗以上パスタ店があるというほど、人口あたりの店舗数が多い高崎市。通常よりボリュームがあるのが特徴

磯部せんべい

炭酸ガスを豊富に含む鉱泉を使い焼き上げたもの。サクッとした食感で、口の中でとろけるほどソフト。100年以上の歴史を持つ

（ひもかわうどんを除く写真：観光ぐんま写真館、農林水産省Webサイト https://www.maff.go.jp/j/keikaku/syokubunka/k_ryouri/search_menu/area/gunma.html）

理科

社会

国語

家庭科・食

算数

日本のマラソンのルーツ！
安中藩で行われた
徒歩競争「安政遠足」

安政遠足 侍マラソンでの
行程を示す道標▲

藩士を鍛えるための
強制参加の徒歩競争

　明治29年（1896）、ギリシャのアテネで第1回近代オリンピックが行われた際、陸上の新種目とされたマラソン。世界初のマラソン競走といわれているが、オリンピック以前に、現在の群馬県ではマラソンに類した行事があった。それが「安政遠足」である。

　嘉永6年（1853）に、ペリー率いる4隻のアメリカ艦隊が江戸湾沖に姿を見せ、幕府に開国を迫った。初めて見る巨大な軍艦に圧倒された幕府は、以後、国防に力を注ぐことになる。交通の要衝である碓氷関所の警護を担っていた安中藩第15代藩主・板倉勝明も、藩士の心身鍛練の必要性を痛感。そこで安政2年（1855）、藩士の心身を鍛えることを目的に行われたのが安政遠足だ。

　安政遠足の実態は、昭和30年（1955）に碓氷峠の茶屋で発見された『安中御城内御諸士御遠足着帳』で明らかになった。それによると、勝明は50歳以下の藩士96名を、5月から6月にかけて16回に分け、強制的に徒歩競走をさせたという。安中城門を出発して中山道を走り、碓氷関所を経て、ゴールは碓氷峠の熊野神社（熊野皇大神社）。距離は7里7町（29.17km）だが、安中城が標高約150m、熊野神社が標高約1200mというから、高低差1050mの山道を進む難コースだ。6、7人が1組で走り、ゴール後に熊野神社に初穂

▲安中城址の一角には「安政遠足の碑」（左）が立ち、ゴールの碓氷峠が覗き見できる「覗き石」が置かれている

▲安政遠足の通過点である碓氷関所。現在の安政遠足の開催日には、関所周辺で「碓氷関所まつり」が開催される

▼碓氷峠にある分岐路の陣場ヶ原。昔も今も安政遠足では右側の道を進む

▼碓氷峠の熊野神社は、参道と本宮の中央を群馬と長野の県境が通り、群馬側では熊野神社、長野側では熊野皇大神社と呼ばれる

を捧げて祈った後、茶や力餅、切り干し大根やきゅうりもみなどが振る舞われた。

現在も姿を変えて行われる日本最古のマラソン

安政遠足では、熊野神社の神主が記録係に任命されている。この神主は、遠足前夜に安中の代官所で打ち合わせを行い、帰る途中に大雨に降られ、途中の宿場で一泊した。翌朝起きて帰路に着いたところ、早朝に安中を出発した藩士たちに途中で追いつかれ、慌てて一緒に走ったというエピソードが残る。

鍛錬が目的の安政遠足では順位やタイムは重要視されなかったようだが、組織的に記録を競う行事は日本で初めてだった。そのため、厳密には徒歩での競争ではありながら、安政遠足は「日本最古のマラソン」、安中市は「マラソン発祥の地」といわれている。

時を経て、安中市では昭和50年から、毎年5月の第2日曜日に「安政遠足 侍マラソン」が開催されている。これは江戸時代の安政遠足同様に、

安中城址をスタートして熊野神社まで走る競技。順位やタイムを競うというよりは、多くの人が武士の姿など、思い思いに仮装をしながら走る楽しい行事だ。

群馬県ではこのほかにも、県内最大規模の「ぐんまマラソン」をはじめ、一年を通じて多くのランニングイベントが行われている。毎年1月1日に行われる全日本実業団対抗駅伝競走大会(ニューイヤー駅伝)も、昭和63年の第32回大会※からは群馬県で開催されている。箱根駅伝と並ぶ正月の風物詩だ。

▲ 安政遠足 侍マラソンでは、峠コース(28.97km)と関所坂本宿コース(20.15km)の2種類のコースが設定されている(写真：観光ぐんま写真館)

※ 昭和32年の第1回から第30回大会までは三重県、第31回大会は滋賀県で行われた。第32回大会の群馬県での開催とともに1月1日の実施となった

群馬県を代表する
マスコットに成長

群馬県のマスコットであり、群馬県の宣伝部長を務めている「ぐんまちゃん」は、意外にも体育にゆかりがある。というのも、ぐんまちゃんは、平成6年（1994）に群馬県で実施された第3回全国知的障害者スポーツ大会「ゆうあいピック群馬大会」のマスコット「ゆうまちゃん」として誕生したからだ。

2008年、東京・銀座にぐんま総合情報センター「ぐんまちゃん家」が開所されるのをきっかけに、ゆうまちゃんは「二代目ぐんまちゃん」となった。二代目なのは、昭和58年（1983）に群馬県で開催された第38回国民体育大会のマスコットとして「初代ぐんまちゃん」がすでに誕生していたからだ。

二代目ぐんまちゃんは、2014年に行われた「ゆるキャラ®グランプリ」にて全1699キャラクターの中で1位を獲得。現在に至るまで、イベントなどで活躍するとともにSNSでも情報を発信し、全国的な知名度と人気を誇っている。近年では、アニメ『ぐんまちゃん』のシーズン1が2021年に、シーズン2が2023年に放送されるなど、活躍の幅をさらに広げている。

群馬県の山本知事は2023年の県議会本会議で、ぐんまちゃんは群馬県にとって「最大のキラーコンテンツ」だと発言。認知度と関連グッズの売上高を拡大させる目標を明らかにし、新年度予算に関連費用を計上。認知度90％以上、グッズ売上高1500億円を目指すとした。

2024年は、ぐんまちゃん誕生から30周年の節目。県はすでにYouTubeチャンネル「劇団ぐんまちゃん」の開設など、各種プロモーションを展開している。県の期待を背負ったマスコットの今後の活動に注目だ。

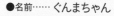
体育のコラム

群馬県のマスコットキャラクター
ぐんまちゃん

●名前……ぐんまちゃん
●誕生日…2月22日
●出身地…ぐんま
●年齢……人間だと7歳くらい
●仕事……群馬県宣伝部長

◀イラストだけでなく、着ぐるみのぐんまちゃんも活躍！

◀ぐんまちゃん。ポニーをモチーフに、二頭身で二足歩行をコンセプトにデザインされた

◀さまざまなデザインのぐんまちゃんが生み出されている

©群馬県 ぐんまちゃん

▲アニメ『ぐんまちゃん』では、ぐんまちゃんのほか、あおま（右）、みーみ（左）というキャラクターも登場

算数

現在の群馬県
人口と世帯数、
面積

群馬県は、12市・15町・8村の35市町村で構成される。昭和42年（1967）に70市町村になったのち、2003から22年の「平成の大合併」を経て現在の姿になった。県内は、県央、東部、西部、利根沼田、吾妻の5エリアに分けられる。

群馬県（令和5年6月1日現在）

- 人口　190万2073人
- 世帯数　82万1181
- 面積　6362.28㎢
（令和5年4月現在）

（データについての注釈）
人口・世帯数は令和5年6月1日現在「群馬県移動人口調査」より
面積は国土交通省国土地理院公表の「令和5年全国都道府県市区町村別面積調」より

❶前橋市
人口 32万7296人
世帯数 14万4788
面積 311.59㎢

❷高崎市
人口 36万8920人
世帯数 16万4707
面積 459.16㎢*

❸桐生市
人口 10万1401人
世帯数 4万4564
面積 274.45㎢

❹伊勢崎市
人口 21万644人
世帯数 8万9164
面積 139.44㎢

❺太田市
人口 22万963人
世帯数 9万4746
面積 175.54㎢

❻沼田市
人口 4万3319人
世帯数 1万8893
面積 443.46㎢

❼館林市
人口 7万3973人
世帯数 3万2298
面積 60.97㎢

❽渋川市
人口 7万2008人
世帯数 2万9439
面積 240.27㎢

❾藤岡市
人口 6万1373人
世帯数 2万5646
面積 180.29㎢

❿富岡市
人口 4万5680人
世帯数 1万8750
面積 122.85㎢

⓫安中市
人口 5万3022人
世帯数 2万2275
面積 276.31㎢

⓬みどり市
人口 4万8484人
世帯数 1万9709
面積 208.42㎢

⓭榛東村
人口 1万4169人
世帯数 5346
面積 27.92㎢*

⓮吉岡町
人口 2万2477人
世帯数 8395
面積 20.46㎢

⓯上野村
人口 1046人
世帯数 536
面積 181.85㎢

⓰神流町
人口 1485人
世帯数 781
面積 114.60㎢

⓱下仁田町
人口 5954人
世帯数 2808
面積 188.38㎢

⓲南牧村
人口 1424人
世帯数 741
面積 118.83㎢

⓳甘楽町
人口 1万2037人
世帯数 4681
面積 58.61㎢

⓴中之条町
人口 1万4584人
世帯数 6214
面積 439.28㎢

㉑長野原町
人口 4950人
世帯数 2269
面積 133.85㎢

㉒嬬恋村
人口 8805人
世帯数 3866
面積 337.58㎢*

㉓草津町
人口 5858人
世帯数 3263
面積 49.75㎢*

㉔高山村
人口 3169人
世帯数 1000
面積 64.18㎢

㉕東吾妻町
人口 1万1875人
世帯数 4989
面積 253.91㎢

㉖片品村
人口 3742人
世帯数 1599
面積 391.76㎢

㉗川場村
人口 3334人
世帯数 991
面積 85.25㎢

㉘昭和村
人口 6687人
世帯数 2716
面積 64.14㎢

㉙みなかみ町
人口 1万6325人
世帯数 7009
面積 781.08㎢

㉚玉村町
人口 3万5461人
世帯数 1万5359
面積 25.78㎢

㉛板倉町
人口 1万3590人
世帯数 5628
面積 41.86㎢

㉜明和町
人口 1万544人
世帯数 4113
面積 19.64㎢

㉝千代田町
人口 1万571人
世帯数 4218
面積 21.73㎢

㉞大泉町
人口 4万1919人
世帯数 1万9596
面積 18.03㎢

㉟邑楽町
人口 2万4984人
世帯数 1万84
面積 31.11㎢

理科
社会
国語
美術・家庭科・体育
算数・統計

*境界の一部が未定のため参考値

大正時代〜令和の群馬県の人口推移と現在の年齢別人口

　群馬県の人口は、平成16年（2004）の203万5542人をピークに減少が続いている。とくに群馬県は、人口に占める外国人の割合が全国でも屈指の高さだったが、新型コロナウイルス感染症の影響で多くの外国人住民が転出したため、近年の人口減少率は全国平均を上回るものになった。

　年齢別人口では、65歳以上人口の割合が過去最高を更新。75歳以上人口の割合も同様に増え続け、高齢化対策が急務である。

群馬県の人口推移　「国勢調査」「群馬県年齢別人口統計調査結果」より

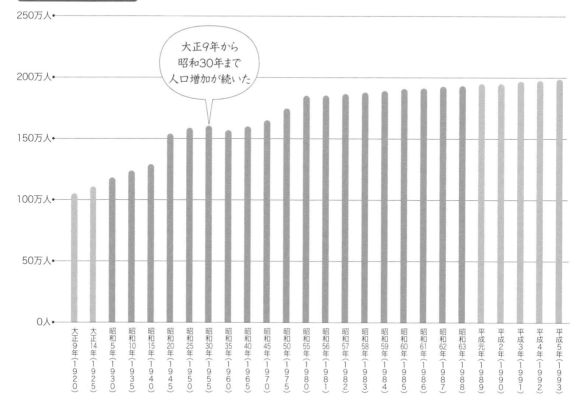

大正9年から昭和30年まで人口増加が続いた

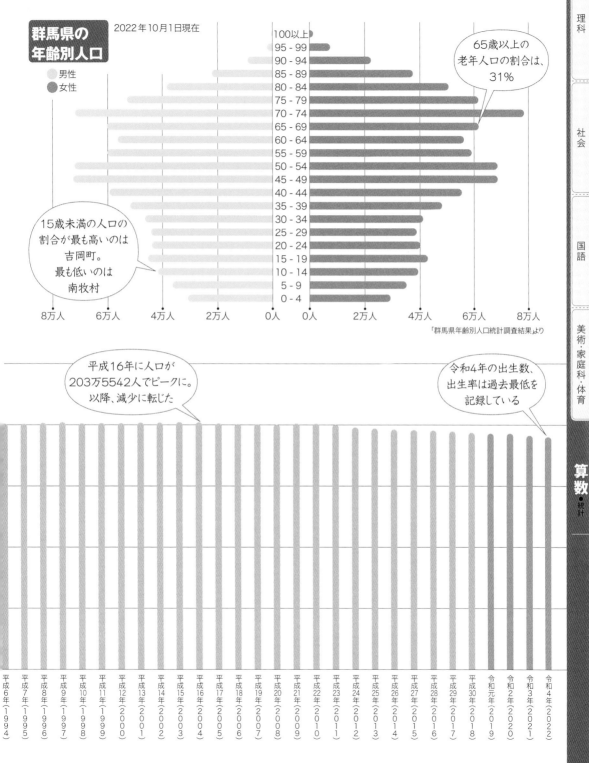

群馬県の市町村の地価

　群馬県の市町村の地価公示価格の最高価格の一覧。令和5年の調査結果を見ると、住宅地、商業地、全用途いずれも下落が継続しているが、新型コロナウイルス感染症の影響が薄れ、18市町村で下落率は縮小している。一方、工業地については2年連続で上昇している。

地価公示価格とは
国土交通省土地鑑定委員会が公示区域内の標準的な地点（標準値）を選定し、毎年1月1日時点の正常な価格を判定し、公表する。群馬県には392の標準地がある。

各市町村の地価公示価格最高値一覧

市町村名	所在地	1㎡あたりの価格	市町村名	所在地	1㎡あたりの価格
前橋市	本町2丁目	16万6000円	安中市	安中3丁目	3万1800円
高崎市	八島町	50万9000円	みどり市	大間々町	4万1000円
桐生市	巴町2丁目	4万4700円	榛東村	大字山子田字坂爪	2万5900円
伊勢崎市	本町	5万9000円	吉岡町	大字大久保字辺玉	3万5600円
太田市	飯田町	15万4000円	下仁田町	大字下仁田字東原	2万700円
沼田市	下之町字滝棚	6万600円	甘楽町	大字福島字中町	2万4500円
館林市	美園町	4万6000円	中之条町	大字伊勢町字伊参	2万8000円
渋川市	渋川字長塚	5万7900円	長野原町	大字大津字馬込	1万5400円
藤岡市	藤岡	4万5700円	嬬恋村	大字大前字細原	3710円
富岡市	富岡字上町	4万8600円	草津町	大字草津字堂裏	5万2300円

市町村名	所在地	1㎡あたりの価格	市町村名	所在地	1㎡あたりの価格
東吾妻町	大字原町字上之町	2万2800円	明和町	新里	2万9900円
みなかみ町	湯原字諏訪原	2万9100円	千代田町	大字赤岩字南権現	2万400円
玉村町	大字下新田字七街南区	3万8600円	大泉町	西小泉4丁目	3万7800円
板倉町	大字板倉字中耕地乙	1万8700円	邑楽町	大字新中野	3万2700円

地点別順位

区分		第1位	第2位	第3位
価格順	住宅地	高崎市真町 16万円	高崎市岩押町 12万2000円	高崎市柳川町 10万9000円
	商業地	高崎市八島町 50万9000円	高崎市栄町6番 43万6000円	高崎市栄町11番 38万6000円
上昇率順	住宅地	高崎市真町 16万円(+3.2%)	高崎市竜見町 9万6600円(+2.2%)	高崎市岩押町 12万2000円(+1.7%)
	商業地	高崎市通町 20万6000円(+1.5%)	高崎市江木町字西前沖 8万400円(+1.1%)	高崎市中居町4丁目 7万9300円(+1.0%)
下落率順	住宅地	みなかみ町湯原字上ノ平 1万6300円(-4.1%)	桐生市川内町1丁目 1万5400円(-3.8%)	桐生市川内町5丁目など 1万700円(-3.6%)
	商業地	渋川市北橘町真壁字前中 2万4600円(-3.5%)	藤岡市鬼石字本町 1万7200円(-3.4%)	下仁田町大字下仁田字東原 2万700円(-3.3%)

対前年変動率

区分	住宅地	商業地	工業地	全用途
平均変動率	-0.8%	-0.9%	+0.9%	-0.8%

価格

区分	住宅地	商業地	工業地	全用途
平均価格	3万7100円	6万5000円	2万2500円	4万5000円

主要参考文献 (年代順)

山田かまち著『17歳のポケット』(集英社/2022年)

福田清人編・岡本正臣著『人と作品 徳冨蘆花』(清水書院/2018年)

蜷川新著『開国の先覚者 小栗上野介』(批評社/2018年)

右島和夫著『群馬の古墳物語 上・下巻』(上毛新聞社事業局出版部/2018年)

和田洋一著『新島襄』(岩波書店/2015年)

今井幹夫編著『富岡製糸場と絹産業遺産群』(KKベストセラーズ/2014年)

富岡製糸場世界遺産伝道師協会著『富岡製糸場辞典』(上毛新聞社/2014年)

丑木幸男・西垣晴次・山本隆志編『群馬県の歴史』(山川出版社/2013年)

大鹿卓著『渡良瀬川 足尾鉱毒事件の記録 田中正造伝』(新泉社/2013年)

小国浩寿著『動乱の東国史5 鎌倉府と室町幕府』(吉川弘文館/2013年)

高橋一樹著『動乱の東国史2 東国武士団と鎌倉幕府』(吉川弘文館/2013年)

鈴木範久著『内村鑑三の人と思想』(岩波書店/2012年)

平井晩村著『国定忠治 関八州の大親分』(国書刊行会/2011年)

市村高男著『戦争の日本史10 東国の戦国合戦』(吉川弘文館/2009年)

星亮一著『最後の幕臣 小栗上野介』(筑摩書房/2008年)

群馬県高等学校教育研究会歴史部会編『群馬県の歴史散歩』(山川出版社/2005年)

山田千鶴子著『かまちの海』(文藝春秋/2001年)

大岡信著『萩原朔太郎』(筑摩書房/1994年)

佐々木幹郎著『群像日本の作家10 萩原朔太郎』(小学館/1992年)

西垣晴次責任編集『図説 群馬県の歴史』(河出書房新社/1989年)

芥川龍之介著『新潮日本文学アルバム13 萩原朔太郎』(新潮社/1984年)

主要参考ホームページ (五十音順)

相澤忠洋記念館…https://www.aizawa-tadahiro.com/

吾妻川流域 (国土交通省利根川水系砂防事務所)…https://www.ktr.mlit.go.jp/tonesui/tonesui00023.html

浅間山は江戸時代にも噴火したの? (群馬県埋蔵文化財調査事業団)…
　http://www.gunmaibun.org/faq/11/index.html

浅間山北麓ジオパーク…https://mtasama.com/a_area/

浅間山有史以降の火山活動 (気象庁)…
　https://www.data.jma.go.jp/vois/data/tokyo/306_Asamayama/306_history.html

足尾鉱毒事件田中正造記念館…http://www.npo-tanakashozo.com/

安吾 風の館 (新潟市)…https://www.city.niigata.lg.jp/kanko/bunka/yukari/kazenoyakata/

安政遠足侍マラソン大会…https://ansei-toashi.jp/

岩宿博物館…https://www.city.midori.gunma.jp/iwajuku/

黄檗宗 少林山達磨寺…https://www.daruma.or.jp/

尾瀬国立公園 (環境省)…https://www.env.go.jp/park/oze/index.html

尾瀬保護財団…https://oze-fnd.or.jp/oza/a-sg/

学校法人同志社…http://www.doshisha.ed.jp/index.html

関東の土木遺産 (土木学会)…https://www.jsce.or.jp/branch/kanto/04_isan/isan_3.html

神流町恐竜センター…https://dino-nakasato.org/

京都大学大学院文学研究科・文学部 内村鑑三…
　https://www.bun.kyoto-u.ac.jp/japanese_philosophy/jp-uchimura_guidance/

KING OF JMK～おとな達の上毛かるた日本一決定戦～…https://www.kingofjmk.jp/

ぐんま絹遺産…https://worldheritage.pref.gunma.jp/kinuisan/

群馬県…https://www.pref.gunma.jp/

群馬県 うちの郷土料理（農林水産省）…
　　https://www.maff.go.jp/j/keikaku/syokubunka/k_ryouri/search_menu/area/gunma.html
群馬県公式デジタルはにわ図鑑…https://hani-zukan.jp/
群馬県達磨製造協同組合…https://takasakidaruma.net/
群馬県埋蔵文化財調査事業団…http://www.gunmaibun.org/
群馬県立自然史博物館…http://www.gmnh.pref.gunma.jp/
群馬県立自然史博物館だより No.32…
　　http://www.gmnh.pref.gunma.jp/wp-content/uploads/demeter_no32.pdf
群馬県立土屋文明記念文学館…https://bungaku.pref.gunma.jp/about/
ぐんまちゃんオフィシャルサイト…https://gunmachan-official.jp/
ぐんまの伝統工芸品（群馬県）…https://www.pref.gunma.jp/site/kougei/131183.html
国際留学生協会／向学新聞 内村鑑三…https://www.ifsa.jp/index.php?Guchimurakanzou
国土交通省鳥取河川国道事務所 殿ダム管理支所…
　　https://www.cgr.mlit.go.jp/tottori/tono/html/hakase_syurui.html
坂口安吾 デジタルミュージアム（新潟市芸術文化振興財団）…https://ango-museum.jp/news/619/
JA嬬恋村…https://jatsumagoi.jp/agriinfo_about.html
湿原の成り立ち（信州大学）…https://science.shinshu-u.ac.jp/~shimano/0018_yashima.htm
下仁田ジオパーク…https://www.shimonita-geopark.jp/
SUBARUの歴史…https://www.subaru.co.jp/jinji/guide/company/history/
聖バルナバミッション設立100年記念ウィーク…http://stbarnabasm100th.seesaa.net/
大陸移動（神奈川県立生命の星・地球博物館）…
　　https://nh.kanagawa-museum.jp/kenkyu/epacs/museum/3c02.htm
高崎市…https://www.city.takasaki.gunma.jp/
高崎市山田かまち美術館…https://www.city.takasaki.gunma.jp/docs/2014040100192/
高崎新聞…http://www.takasakiweb.jp/takasakigaku/jinbutsu/article/14.html
谷川岳 地質で語る百名山 谷川岳（地質調査総合センター）…
　　https://www.gsj.jp/Muse/100mt/tanigawadake/index.html
田山花袋記念文学館…https://www.city.tatebayashi.gunma.jp/sp006/index.html
徳冨蘆花記念文学館…
　　https://www.city.shibukawa.lg.jp/kosodate/shougaigakushuu/bungakukan/p000148.html
日本の飛行機王・中島知久平…https://www.klnet.pref.kanagawa.jp/uploads/2020/12/019nakajima.pdf
萩原朔太郎記念館…https://www.maebashibungakukan.jp/kinenkan
文学散歩 第31回 萩原朔太郎ゆかりの地を訪ねて…https://jpn.nec.com/nua/sanpo/31/
フォッサマグナミュージアム フォッサマグナと日本列島…
　　https://fmm.geo-itoigawa.com/event-learning/fossamagna_japan-archipelago/
不二洞…http://uenomura-tabi.com/top/fjujido/
前橋観光コンベンション協会…https://www.maebashi-cvb.com/feature/maebashi_jyo/maboroshi
みなかみ町の自然とくらし 第3章地形・地質…
　　https://www.town.minakami.gunma.jp/minakamibr/nature/pdf/nature03.pdf
みなかみユネスコエコパーク…https://www.town.minakami.gunma.jp/minakamibr/
明治大学博物館…https://www.meiji.ac.jp/museum/
山田かまちについて（高崎市）…https://www.city.takasaki.gunma.jp/docs/2015050700075/
ラムサール条約と条約湿地（環境省）…
　　https://www.env.go.jp/nature/ramsar/conv/RamsarSites_in_Japan.html

ほか、各市区町村や観光協会のホームページ

索引

地名・施設名

大人のための 地元再発見 シリーズ

Gunma
群馬の教科書

2023年10月15日初版印刷
2023年11月1日初版発行

編集人…青木順子
発行人…盛崎宏行

●発行所
JTBパブリッシング
〒135-8165 東京都江東区豊洲5-6-36
豊洲プライムスクエア11階

●企画・編集
情報メディア編集部
内山弘美

●編集・執筆
エイジャ(小野正恵、笹沢隆徳、佐藤未来、新間健介)
桐生典子
河合桃子

●歴史監修
河合 敦(多摩大学客員教授)

●写真・資料・編集協力
Aflo
Amana images
PIXTA
photolibrary
関係各施設・市町村

●地図制作
アトリエ・プラン

●アートディレクション・表紙デザイン
川口デザイン 川口繁治郎

●本文デザイン
川口デザイン
オフィス鐵

●印刷
佐川印刷

お出かけ情報満載『るるぶ&more』
https://rurubu.jp/andmore/

●本書に掲載している歴史事項や年代、由来は諸説ある場合があります。
本書の中で登場する図版やイラストは、事柄の雰囲気を伝えるもので、
必ずしも厳密なものではありません。

(JTBパブリッシング お問合せ)
編集内容や、商品の乱丁・落丁のお問合せはこちら
https://jtbpublishing.co.jp/contact/service/